身になる練習法

水泳
日大豊山式4泳法強化法

著 **竹村知洋** 日本大学豊山中学校・高等学校水泳部監督

JN165309

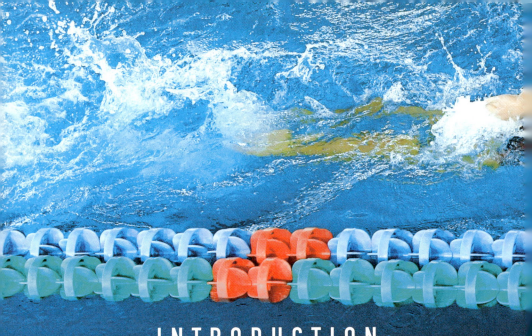

INTRODUCTION
はじめに

　この本には、私が選手として経験してきたこと、指導者として経験してきたことを踏まえて、トレーニングメニューの内容、組み立て方、考え方、スケジュールの組み方、ドリルの内容、陸上トレーニングからコンディショニングに至るまで、私のすべてが詰まっています。この一冊を読んでいただければ、日大豊山流のトレーニング計画、メニューは作ることができるところまで、詳細にわたってお伝えしたつもりです。日大豊山は男子校ですから、練習メニューや選手としての心構え、チームビルディングの考え方に関しては、男子に特化している部分もあります。

　ですが、大切なのは、ここに書いてあることをそのまま実行することではありません。これをベースに考え、自分たち、そして自分たちのチームの状況やレベルに合わせてカスタマイズしていくことを何よりも大事にしていただきたいと考えています。ただ与えられたことを実行するよりも、自らで試行錯誤し、率先して自ら取り組んだほうが身になります。それと同じことですね。

　トレーニングというものは、どんどん進化していきます。たとえば、私が現役選手として取り組んでいた練習内容と、今の選手たちが行っている内容とは全くと言ってよいほど違います。時代に合わせ、選手に合わせ、トレーニング内容は変化させていかなければならないのです。ですから、いつまでも与えられたことを繰り返していても、成長はありません。

　ただ、ひとつ大切にしてもらいたいポイントもあります。それはドリルでフォームを習得する順番（段階）です。

　バタフライ、背泳ぎ、クロールに関しては、腰に力を入れることが第1段階、キックの習得が第2段階、プル（入水や

　キャッチ、フィニッシュ動作)の習得を第3段階として、スイム(コンビネーション)が第4段階、そして呼吸動作の習得が第5段階と考えています。

　平泳ぎに関しては、まずストリームラインの習得を第1段階として、第2段階がキック動作、第3段階でプル(キャッチからフィニッシュ動作)を習得し、第4段階にスイム(コンビネーション)、そして第5段階で呼吸動作の習得になります。

　このような段階で泳ぎを習得していくことで効率良く、良いフォームを覚えられるのです。

　たとえば、いきなり呼吸の動作を習得することはできません。その前に水中の姿勢があって、姿勢を維持するためのキックがあって、それをベースにストロークを組み立てていきます。プラモデルなどを組み立てるときに、パーツを組み立てる順番があるのと同じで、泳ぎの習得にも順番、段階があるのです。それを日大豊山では、とても大切にして練習しています。

　メニューや練習内容に関しては、チームによってどんどん変化させていって良いと思いますが、できれば泳ぎを修正、習得する際には、この段階は前後させず、第1段階から順番に行ってみてください(本書のドリルのところに『段階』を記載しています)。

　本書は、皆さんが水泳で速くなるだけではなく、身体を強くしたり、ケアをしたり、チームとしての団結力を高め、日々の練習はもちろんのこと、試合でも最大の力を発揮できるようになるための方法を、様々な観点から分析し、必要要素を盛り込みました。個々でご紹介しているメニューやドリル、トレーニング方法のすべては、明日からすぐにでも取り組める内容です。すべてを行うことができなかったとしても、ドリルだけ、メイン練習だけ、キック練習だけなど、少しでも取り入れていただき、それが選手、指導者の皆さまの力となればうれしい限りです。

竹村知洋

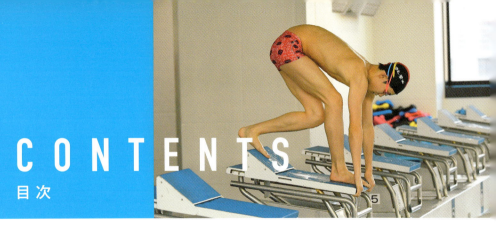

CONTENTS
目次

- 2 — はじめに
- 8 — 本書の見方

第1章 上半期のトレーニング

- 10 — Menu001 量的強化期・ショートグループメニュー&姿勢の確認
- 12 — Menu002 腰の力をストロークに伝える
- 13 — Menu003 腰の力が入っているかを水中で確認
- 14 — Menu004 量的強化期・ミドルグループメニュー&水を捉えられるキャッチ
- 16 — Menu005 2種類の片手クロールでキャッチの感覚を覚える
- 17 — Menu006 水を捉える動作だけを繰り返すキャッチドリル
- 18 — Menu007 量的強化期・ロンググループメニュー&キャッチでヒジを立てて効率良く水をつかむ
- 20 — Menu008 パドルを活用してヒジを立てる感覚を養う
- 21 — Menu009 アロードリルでコンビネーションのなかでキャッチを開始するタイミングを覚える
- 22 — Menu010 質的強化期・ショートグループメニュー&腰に力を入れつつフラットな姿勢を作る
- 24 — Menu011 陸上で腰の力を伝えられるキャッチ動作のポイントを覚えよう
- 25 — Menu012 キャッチドリルで腰の力を使って水の感覚を捉える感覚を掴む
- 26 — Menu013 量的強化・ミドルグループメニュー&効率良くキャッチ動作につなげる入水を学ぶ
- 28 — Menu014 リカバリー中に一度手を止めるストップモーションで落ち着いて入水させる
- 29 — Menu015 理想の入水位置を覚えられる両手背泳ぎドリル
- 30 — Menu016 質的強化期・ロンググループメニュー&ヒザの裏側を意識したキックを覚えよう
- 32 — Menu017 フィンキックで推進力を高め良いキックの感覚を覚えよう
- 33 — Menu018 水面バサロで脚の裏側を使う感覚を養う
- 34 — Menu019 調整期・ショートグループメニュー&抵抗の少ないストリームラインの作り方
- 36 — Menu020 壁を蹴ってからのストリームラインで姿勢の練習を繰り返す
- 37 — Menu021 アシステッドチューブで抵抗の少ない姿勢を体感する
- 38 — Menu022 調整期・ミドルグループメニュー&足首をうまく使ってキックで水を捉える
- 40 — Menu023 足首だけキックでつま先まで意識をする
- 41 — Menu024 片足キックで左右差をなくしつつ片足でも水をしっかり捉える感覚をつかむ

42	Menu025	調整期・ローングループメニュー&小指からキャッチしてヒジを立てる
44	Menu026	キャッチドリルで小指から水を捉える感覚を磨く
45	Menu027	シュノーケルを使って左右のバランスと水を後ろに押す感覚を養う
46	Menu028	試合期・ショートグループメニュー&バタフライはキックで泳ぎのリズムを作る
48	Menu029	水面キックドリルでうねりを抑えたキックをマスターする
49	Menu030	フィンをつけて良いキックを打つ感覚に慣れる
50	Menu031	試合期・ミドルグループメニュー&バタフライのリズムを決めるキャッチの仕方
52	Menu032	キャッチドリルで第1キックからのキャッチのタイミングを覚える
53	Menu033	フィニッシュ動作と第2キックのタイミングを覚えるフィニッシュドリル
54	Menu034	試合期・ローングループメニュー&フラットな姿勢を保てるバタフライの呼吸法
56	Menu035	水中リカバリードリルで泳ぎのタイミングを通して覚える
57	Menu036	片手スイムで感覚をコンビネーションに近づけていこう
58	columm1	

第2章 下半期のトレーニング

60	Menu037	量的強化期・ショートグループメニュー& コンビネーションのなかで磨くバタフライのタイミング
62	Menu038	4K1Pと3K1Pを使って落ち着いてタイミングを合わせる
63	Menu039	フィンスイムで良いフォームを体感する
64	Menu040	量的強化期・ミドルグループメニュー&力強く飛び出すスタートのポイント
66	Menu041	バタフライキックを効率的に使って高いスピードを維持したまま浮き上がる
67	Menu042	15mラインまでのタイムを計り最も速い浮き上がりのタイミングを見極める
68	Menu043	量的強化期・ローングループメニュー&コンパクトに素早く回転するターンの方法
70	Menu044	ターン練習その1　壁に手をつくタイミングを覚える
71	Menu045	ターン練習その2　素早く回転するために身体をコンパクトに
72	Menu046	質的強化期・ショートグループメニュー&水の抵抗を受けない平泳ぎの呼吸法
74	Menu047	身体が起き上がりすぎないときの呼吸動作の目線の位置
75	Menu048	ヘッドアップドリルを活用して前方への体重移動の感覚を養う
76	Menu049	質的強化期・ミドルグループメニュー&キックの推進力を生かせる泳ぎのタイミング
78	Menu050	キックの回数を多めに入れる3K1Pと2K1Pでタイミングを覚える
79	Menu051	3P1Kと2P1Kでプルを多めに入れてもタイミングを合わせられるようにしよう
80	Menu052	質的強化期・ローングループメニュー&勢いよく飛び出せるスタートを覚える
82	Menu053	平泳ぎの浮き上がりその1　ひとかきひとけりの『ひとかき』
83	Menu054	平泳ぎの浮き上がりその2　ひとかきひとけりの『ひとけり』
84	Menu055	調整期・ショートグループメニュー&力を発揮できるキックとプルのタイミング
86	Menu056	片手ドリルでキックとプルのタイミングを確認する
87	Menu057	前腕でも水を捉える感覚を養うフィストスイム
88	Menu058	調整期・ミドルグループメニュー&背泳ぎのスタートでも1点入水を目指す
90	Menu059	入水からバサロキックまでは素早く行おう

91 —	Menu060	力強いひとかきで浮き上がってバサロキックのスピードを泳ぎに生かす
92 —	Menu061	調整期・ロンググループメニュー＆素早く身体を下に向けてからターン
94 —	Menu062	身体をうつ伏せにするタイミングを繰り返し練習して身体に覚え込ませる
95 —	Menu063	回転したらそのまま上を向いたまま壁を蹴ってバサロキックに移行する
96 —	Menu064	試合期・ショートグループメニュー＆腰の力を足先に伝えるキック
98 —	Menu065	背泳ぎのキックを使ってヒザを曲げすぎない打ち方を覚える
99 —	Menu066	クロールのクイックターンは蹴り出したあとに身体をうつ伏せにする
100 —	Menu067	試合期・ミドルグループメニュー＆リラックスして行うリカバリー動作
102 —	Menu068	フィンガータッチドリルでリラックスしながら身体の近くでリカバリー
103 —	Menu069	パラシュートを使った練習で身体を安定させて泳ぐ感覚を身につける
104 —	Menu070	試合期・ロンググループメニュー＆軸がぶれない呼吸時の首の動かし方
106 —	Menu071	シュノーケルを活用して軸がぶれない泳ぎ方の感覚を身につける
107 —	Menu072	呼吸動作のポイントは顔を素早く上げて素早く戻す
108 —	columm2	

第3章 陸上トレーニング

110 —	Menu073	腹筋の上部を鍛える腹筋
111 —	Menu074	腹筋下部を鍛える脚上げ腹筋
112 —	Menu075	体側も鍛えられる捻り腹筋
113 —	Menu076	下半身全体を鍛えるスクワット
114 —	Menu077	瞬発力を鍛える両脚ジャンプ
115 —	Menu078	バランスも鍛えられるランジ
116 —	Menu079	上半身を鍛える腕立て伏せ
117 —	Menu080	体幹の強化も兼ねた腕立て伏せ
118 —	Menu081	きれいな姿勢を作れる体幹を鍛える
119 —	Menu082	姿勢を維持する背筋を作る
120 —	Menu083	体幹側部を鍛えるトレーニング
121 —	Menu084	体幹全体と身体のバランスを整える
122 —	Menu085	肩のインナーマッスルに刺激を入れる
123 —	Menu086	身体のバランスと上半身を鍛える
124 —	Menu087	腹筋を高い負荷で鍛え上げる
125 —	Menu088	メディシンボールで上半身を鍛える
126 —	Menu089	背筋と瞬発力を鍛える
127 —	Menu090	大胸筋のパワーをつける
128 —	Menu091	下半身のパワーをアップさせる
129 —	Menu092	背筋力をアップさせる
130 —	Menu093	広背筋を鍛える
131 —	Menu094	上腕二頭筋を鍛えてパワーをつける
132 —	columm3	

第4章 コンディショニング

- 134 — Menu095 腹筋を伸ばすストレッチ
- 135 — Menu096 体幹側部を腰部をストレッチ
- 136 — Menu097 腸腰筋を股関節をストレッチ
- 137 — Menu098 キックで使う太ももを伸ばす
- 138 — Menu099 ふくらはぎとアキレス腱を伸ばす
- 139 — Menu100 ストロークで使う上腕三頭筋を伸ばす
- 140 — Menu101 故障が多い肩の筋肉を伸ばす
- 141 — Menu102 脇の下から胸までしっかり伸ばす
- 142 — Menu103 関節を動かして身体を温める
- 143 — Menu104 肩周りと背中をしっかり伸ばしておこう
- 144 — Menu105 日々の練習を頑張るためにも栄養素を考えた食事を摂ろう
- 146 — Menu106 量的強化期・質的強化期・調整期・試合期それぞれの期で重点的に摂りたい栄養素
- 148 — columm4

第5章 チームビルディング

- 150 — Menu107 チーム一丸となって目標達成に向かう意味
- 152 — Menu108 監督、コーチ、マネージャーもチームの一員 素直な気持ちを持って話を聞こう
- 154 — Menu109 チームの強さは選手以外の場所に現れる
- 156 — Menu110 指導者もチームをまとめるために何ができるかを考える

第6章 強い選手になるためのメンタル

- 159 — Menu111 弱点を徹底して取り組んで直す
- 160 — Menu112 問題を自らで見つけて解決する方法を探る
- 161 — Menu113 不満を口にするのではなく、改善方法を考える
- 162 — Menu114 必ず努力が実を結ぶと信じる心を持つ

第7章 トレーニングスケジュール

- 164 — Menu115 1年を8つの期に分けて計画してみよう
- 166 — Menu116 練習量と強度の関係性を知っておこう
- 168 — Menu117 第1章のメニューをうまく組み合わせてみよう
- 170 — Q&A

172 — おわりに

本書の見方

本書では、写真や表、アイコンなどを用いて、一つひとつのメニューを具体的に、よりわかりやすく説明しています。写真や"やり方"を見るだけでもすぐに練習を始められますが、この練習はなぜ必要なのか？　どこに注意すればいいのかを理解して取り組むことで、より効果的なトレーニングにすることができます。普段の練習に取り入れて、上達に役立ててみてください。

▶ 身につく技能が一目瞭然

練習の難易度やかける時間、段階、あるいはそこから得られる能力が一目でわかります。自分に適したメニューを見つけて練習に取り組んでみましょう。ただし、難易度の感じ方には個人差があります。また、時期や目的によってかける時間は変化します。

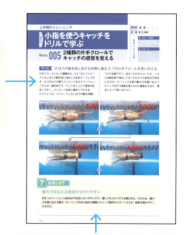

▶ やり方の説明

その練習をどのようにやればいいのか、写真と文字で詳しく説明しています。

▶ 実践練習メニュー

KICK、PULL、SWIM、陸上トレーニングと、どの時期にどんな内容のトレーニングをしたらいいかの参考例です。

▶ 知っておきたい練習のポイント

この練習がなぜ必要なのか？　実戦にどう生きてくるのかを解説。また、練習を行う際の注意点を示しています。

年間スケジュール、トレーニングメニューの組み立て方は **P164〜167** をチェック

第1章
上半期のトレーニング

競泳のシーズンは、夏の大会で終了。
9月から翌年の4月までを上半期として、
トレーニング計画を立てていこう。
メニューと一緒に、フォームのポイントとドリルも紹介していく。

上半期のトレーニング

練習強度を上げてスピード強化&姿勢を見直して抵抗の少ない泳ぎを作る

ねらい

Menu 001 量的強化期・ショートグループ メニュー&姿勢の確認

難易度 ★☆☆☆☆
時間 2時間

習得できる技能
- ▶ スピード強化
- ▶ 耐乳酸能力強化
- ▶ 持久力強化
- ▶ ストローク&キック
- ▶ フィジカル
- ▶ ターン&タッチ
- ▶ スタート&浮き上がり

上半期・量的強化期 (10〜12月)	ショートグループ(50〜100m)	練習量★★★　練習強度★★★★
KICK	①200×4(3:45) S1sn、 50×4(1:20) Hard ②100×8(2:00) Ba、 25×8(1:00) Hard　Fin ③50×16(1:10) S1Des/4t ④200×2(3:30)、100×4(1:45)、 50×8(1:20) Des/1s	強いキック力が、ショートの選手には必要。この時期は、キックの持久力とスピード能力を鍛える期間にしよう。長い距離やサイクルがやや短い練習（①・②・④）は、シュノーケル（sn）を使用したり、Ba で姿勢に気をつけたりして行う。25〜50m のサイクルが長めの練習（②・④）では、高いスピードレベルで泳ごう。25mは潜水で行ってもOK。フィン（Fin）を使うとさらに強度を上げることができる。
PULL	①400×2(6:00) S1、 50×8(1:10) S1Des1〜4t ②200×4(3:00) S1、 100×8(2:00) S1E−H/1 t ③50×16(1:10) S1Des/4t ④50×12(1:00) I Morder/1t、25×12(50)Fly-S1/3t　2H1E　Pad	400mや200mの練習（①・②）は100m種目のための持久力を養う練習。フォームが乱れやすくなるので、良い泳ぎを意識しよう。シュノーケルを使用して、左右のバランスを保って行うのもオススメ。DesやHardはKickがない分、回転は上げやすいので普段よりもピッチを上げて行おう。Flyで強化すること（④）も有効。パドル（Pad）を使うとさらに強度を上げることができる。
SWIM	①200×5(3:00) S1、50×12(1:00)(1:10)(1:20)/4t　Des/4t ②100×6(1:40)、100×4(2:00)、100×2(2:20) S1　Des/1s ③50×8(50)、50×6(1:00)、50×4(1:10)、50×2(1:20) Des/1s ④100×12(2:00) 1〜8tDes9〜12tE-H/1t、25×8(−) Dive	Desのセットは本数が多く、サイクルがやや短い練習で持久力を向上させる。また徐々に本数を減らしつつ、サイクルを伸ばすことで強度を上げ、耐乳酸能力を上げる練習だ（①・②・③）。スピードが落ちやすくなる時期なので、E−HやDive練習（④）も入れて、スピード能力を維持しよう。Frが多くなるので、間にIMやFlyを入れてもOK。
TOTAL・陸トレ	TOTAL距離は、5000〜6000m程度が目安。平泳ぎが専門の選手の場合は、上記のメニューに50mにつき、サイクルを+10〜20秒しておこう。体幹を鍛える補強トレーニングとともに、筋力を高めるウエイトトレーニングも多めに行おう（週に3・4回）。この時期のウエイトトレーニングでは筋肥大を目的とし、最大強度の70〜80%で、各種目につき10〜15回行う。冬場に筋肥大を図って最大筋力を向上させることで、泳ぎのパワーを高めることができる。特に体幹や大腿筋群、肩周辺などの大きな筋肉を重点的に鍛えておこう。栄養補給はタンパク質や鉄分の摂取を多めに心掛けること。	
全体解説	練習量は普通で、練習強度は高い。50m専門の選手はもっと練習量は少なくて良いが、その場合は練習強度をさらに上げよう。100mの選手は、レースで最後まで全力を出し続けるための全身持久力と耐乳酸能力を向上させることがこの時期の主な目的だ。練習量が多くなりすぎるとスピード能力が落ちてしまうので、ある程度の量を確保しつつ、練習強度を高めに設定するのがコツ。この時期の強化トレーニングはかなりきついので、練習中のフォームが乱れやすくなる。だから、サイクルはあまり極端に短くなり過ぎないように注意することがメニュー作成のポイントだ。ショートグループの選手は強度を高めるために、フィンやパドルなど道具を使用した練習をすることもオススメ。道具を使用する場合は、肩や足首などに故障が発生しないよう注意して取り組もう。	

〈練習メニューの組み方例〉
メニューを自分で組んでみよう

Kick	②100m×8回(2:00)Ba、 25m×8回(1:00)Hard　Fin
Pull	③50m×16回(1:10)S1 Des/4回Swim ③50m×8回(50)、50m×6回(1:00)、 50m×4回(1:10)、 50m×2回(1:20)Des/1セット

解説

キックではフィンを使って強度を上げて、足のパワーアップを図る。プルでは、専門種目を中心に良い泳ぎを維持しながらタイムを上げていく。スイムはセットごとに回数が減っていき、さらにサイクルも長くなっていくので、しっかりとタイムを上げていき、最後のセットはマックススピードくらいまでスピードを上げられるように頑張ろう。

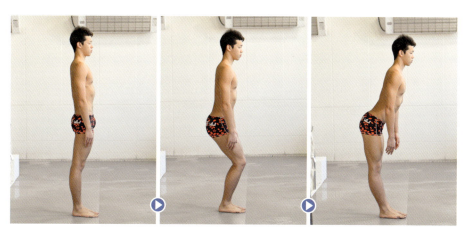

⚠ フォームのポイント

水中で抵抗のない姿勢を作るためにまずは陸上で確認しておこう

クロール、背泳ぎ、平泳ぎ、バタフライの4泳法すべてに関わるのが『姿勢』。この姿勢が悪いと、プルやキックの動きはもちろん、コンビネーションで泳いだときにも大きな水の抵抗を生み、さらに泳ぎにムダな力が入ってしまう。そのためにも、まずはしっかりと陸上で姿勢を確認しておこう。

基本となるのは、指先から足先までが一直線となる、ストリームラインと呼ばれる姿勢。このかたちを作ることが、すべての泳法でワンランクレベルを上げるための第一歩になる。

そして、もう一つここで確認しておきたいのが、腰の力の入れ方。プルやキックを力強く行うためには、体幹、特に腰の力を指先、足先に伝えることが大切。すべての動作の起因となる部分が、腰。つまり、腰に力が入り、その力を手足に伝えていくことが大切なのだ。

腰に力を入れる感覚は、まず普通に陸上で立ち、次に軽くヒザを曲げる。そのとき、頭が前後に動かないように注意しよう。そして、肩の高さを変えずにヒザを伸ばす。このとき、少し腰を反らせるようにして、腰周りに力を入れるように意識してみよう。これが、腰への力の入れ方だ。陸上で簡単にできるので、泳ぐ前に確認してから、水中練習を開始すると良いだろう。

◀これがストリームライン。基本の姿勢はこのかたちだが、泳ぐときにはストリームラインをベースにしつつ、腰に力を入れることが大切なポイントになる。

上半期のトレーニング

力強いストロークの仕方を学ぶ

Menu **002** 腰の力をストロークに伝える

難易度 ★☆☆☆☆
段階 第1段階

習得できる技能
▶ スピード強化
▶ 耐乳酸能力強化
▶ 持久力強化
▶ フォーム
▶ フィジカル
▶ ターン&タッチ
▶ スタート&浮き上がり

やり方　陸上で動きを確認してみよう！

ひとりが腰に力を入れた状態で足を前後に開き、身体を捻るようにして片ほうの腕を前に出す（写真では左脚が前、右脚を後ろにして脚を開き、右手を前に出す）。パートナーが、前に出したほうの手を軽く支えてあげる。この状態から、腕だけでパートナーの手を押さえるのではなく、腰を先に後ろに動かしてから（写真では右側の腰を少し後ろに引く）、その動きに合わせてヒジを立てるようにしてパートナーの手を軽く押さえる。これが、腰を起因にしたストロークのタイミングだ。

? なぜ必要？

陸上でできないと水中でもできない

腰の力をストロークとキックに伝えることが、力強い泳ぎを生み出す。腰を先導させてから、ストロークを開始する感覚をまずは陸上で確認しておこう。

上半期のトレーニング

腰の力を入れる感覚を水中で養う

Menu 003 腰に力が入っているかを水中で確認

難易度 ★☆☆☆☆
段階 第1段階

習得できる技能
▶ スピード強化
▶ 耐乳酸能力強化
▶ 持久力強化
▶ フォーム
▶ フィジカル
▶ ターン＆タッチ
▶ スタート＆浮き上がり

やり方

くの字になって浮く

陸上で腰への力の入れ方を思い出しながら、水中で伏し浮きをしてみよう。

上半身は腰に力を入れたままストリームラインの形を作り、身体を腰からくの字にするようなイメージで、足を沈めた状態のまま浮く。指先から腰までがしっかり浮いている状態をキープするのがポイントだ。特にお尻が浮いているかどうかに注意して行おう。腰に力が入っていないと、お腹までは浮いていても、腰が水中に沈んでしまう。もしそうなったら、もう一度陸上で腰の力の入れ方を練習してから再挑戦してみよう。

？ なぜ必要？

陸上と水中の感覚の違いを知ろう

陸上で腰に力を入れられたとしても、それを水中でできなければ、泳ぎに生かすことはできない。陸上という安定した場所ではなく、水中という不安定な場所でも、腰に力を入れることができるようになれば、その力を腕や脚に伝えることができるようになる。

バタフライ・背泳ぎ・クロールのすべてのドリルはP.11～13が基本。平泳ぎの泳ぎの作り方は他の3種目とは違う。P.35～を参照

上半期のトレーニング

ねらい 耐乳酸能力を向上させる練習メニュー&
小指を使って水を力強く捉える泳ぎを学ぶ

Menu 004 量的強化期・ミドルグループ
メニュー&水を捉えられるキャッチ

難易度 ★★☆☆☆
時間 2時間

習得できる技能
▶ スピード強化
▶ 耐乳酸能力強化
▶ 持久力強化
▶ ストローク&キック
▶ フィジカル
▶ ターン&タッチ
▶ スタート&浮き上がり

上半期・量的強化期 (10〜12月)	ミドルグループ (100〜200m)	練習量★★★　練習強度★★★★
KICK	①400×3 (7:00) BaorS1 sn、100×8 (2:00) S1 Hard ②200×8 (3:40) (3:30) (3:20) (3:10) /2t Des/2t ③100×16 (1:40) Des/4t ④400×2 (7:00)、200×3 (3:15)、100×4 (1:45)、50×4 (1:10) Des/1s	200mレースの最後の50mまで強いキックを続けるために持久力を向上させる練習を中心にして、キック練習の量を1500〜2000mくらいに多めに設定しよう。サイクルを短くするDesのセット（②）や短いサイクルの中でDesする練習（③）、また距離やサイクルを短くしていき、最後はしっかりとHardする④のような練習も効果的だ。
PULL	①600×2 (9:00) Fr-S1/100、50×8 (1:30) S1Hard ②400×3 (6:30) S1Elv(200→400)/1t ③100×16 (1:40) Fr-S1/1t　S1＝Des ④50×20 (1:00) Fly	FrとS1を組み合わせて、S1はHardやDesで強化しよう（①・③）。個人メドレーの選手はレースの最初がバタフライであることを意識しながら、S1の部分にはFlyの練習を多めに入れるのがコツ。種目に関係なく、全員でFlyを取り入れる練習（④）も体力を養うために効果的だ。体力がつけば、400mをS1で泳ぎ切る練習（②）も持久力強化に役立つ。
SWIM	①200×3×3 (3:00) (2:50) (2:40) /1s S1 Des/1s rest(1:00) ②100×4×5 (1:30) S1 rest (1:00) ③200×4 (3:00)、100×8 (1:45)、50×12 (1:10) S1 Des/1s rest (1:00) ④400×5 (6:00)　S1 Des、25×8 (1:00) S1 Hard	S1を中心にして、S1の持久力の強化を目指そう。サイクルを短くしたり（①）、やや短めのサイクルの中で一定のスピードを保つ練習（②）が、持久力強化に有効的。耐乳酸能力の向上のために、最後はやや長めのサイクルでHard（③）にするのも良い。④は200mのレースに自信をもって臨むために行う練習で、試合の2倍の距離を頑張りきることで精神力を鍛えるのだ。また、スピード能力を維持するためにも25mのHardを入れよう。DiveにしてもOK。
TOTAL・陸トレ	TOTAL距離は、6000〜8000m程度。陸上トレーニングは体幹を鍛える補強トレーニングとともに、筋力を高めるためのウェイトトレーニングを行おう（週に2・3回）。高学年になれば、ショート選手と同程度のウェイトトレーニングを行ってもOK。体幹を鍛える補強トレーニングでは、より強度を上げるためにTRXを使用することも効果的だ。栄養補給は、タンパク質や鉄分を多めに摂ろう。	
全体解説	練習量は多めで練習強度は中程度にして、全身持久力と耐乳酸能力の向上が主な目的。この時期のミドルグループは、1本ごとの距離が長め（200〜400m）で、本数が多く（5〜10本）、サイクルは短め（20〜30秒レスト）の練習になる。さらにKick・Pull・Swimをすべてバランスよく鍛える必要がある。S1で頑張りきれないようであれば、FrやIMの練習も取り入れるのもオススメ。スピード能力が落ちやすくなるため、少量でも25mなどの短い距離でスピードを出す練習も取り入れるようにしよう。平泳ぎの選手は100mにつき、サイクルを+20〜30秒にするか、S1を個人メドレーにしても良い。個人メドレーの選手の場合は、S1をスイッチ（SW）で行うか、SwimはBrやFrの強化を意識した内容にしておくと効果的だ。	

エレベーター…Elv (200→400) /1tは、1tが200mS1200mFr、2tが300mS100Fr、3tが400mS1
スイッチ…SWはFly-Ba/50、Ba-Br/50など。BrやFrの本数を多めにしてもよい。

〈練習メニューの組み方例〉
メニューを自分で組んでみよう

Kick	②200m×8回(3:40)(3:30)(3:20)(3:10)/2回ずつ Des/2回
Pull	③100m×16回(1:40)Fr-S1/1回 S1=Des
Swim	③200m×4回(3:00)、100m×8回(1:45)、50m×12回(1:10) S1 Des/1セットごと セットrest(1:00)

解説

キックは200mのレースを想定して、最後までしっかり打ち続けることができる力をつけるメニュー。プルでは、専門種目と自由形を交互に入れつつ、泳ぎの持久力強化を図る。スイムはサイクルを長めにして、しっかりと休み時間を確保した練習で、耐乳酸能力を高める。キックとプルで、それほどスピードを上げないメニューを組んだ場合は、スイムで全力を出し切るようなメニューを入れると効果的だ。

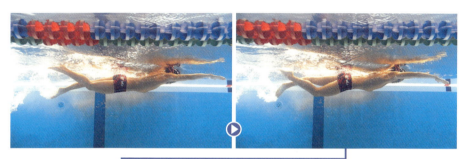

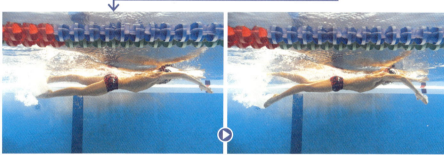

⚠ フォームのポイント

キャッチは小指から行うと
力が入りやすくなって力強く水を捉えられる

4種目すべてにおいて大切なポイントでもあるのが、キャッチ。ここで水を捉えられるかどうかが、高い推進力を生み出せるかどうかにつながる。このキャッチの大きなポイントは、腰から力を伝えつつ、小指を意識して動作を行うことだ。

クロールでは、腰を先に動かして身体をローリングし始めた瞬間に、キャッチをする。ポイントは、腰の力を指先に伝える意識を持つこと。キャッチ動作をしてからローリングをするのではなく、ローリングをキャッチよりも先に行うことで、そのときに使う腰の力をキャッチ動作に伝えることができるのだ。そして、キャッチ動作のときは、小指から水を捉えるように意識してみよう。小指を意識すると力が入りやすく、腰の力も使いながら、力強く水をたくさん捉えることができるようになる。

上半期のトレーニング

小指を使うキャッチをドリルで学ぶ
ねらい

Menu 005　2種類の片手クロールでキャッチの感覚を覚える

難易度 ★★☆☆☆
段階　第3段階

習得できる技能
▶ スピード強化
▶ 耐乳酸能力強化
▶ 持久力強化
▶ フォーム
▶ フィジカル
▶ ターン&タッチ
▶ スタート&浮き上がり

やり方　片ほうの腕を前に出す&体側に揃る2つの片手クロールを使い分ける

片手クロールには、2種類ある。ひとつは、ストロークしないほうの腕を前に伸ばしたままキープしておき、もう片ほうの腕でストロークを行うバージョン。こちらは、腕を前でキープしておくことで身体が安定しやすく、ストローク全体に集中して行える。もうひとつは、ストロークしないほうの腕を体側につけた状態で行う、気をつけ片手クロールだ。こちらは腕を前で伸ばしておくものよりも身体が不安定になるが、ローリング主導で腰の力を腕に伝えてキャッチを行う感覚を覚えるのに最適な方法だ。場合によって使い分けよう。

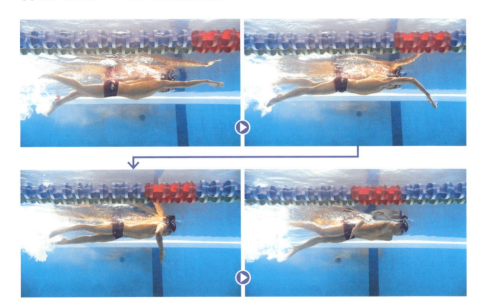

? なぜ必要?

腰の力を伝える感覚が分かりやすい

気をつけバージョンは身体が不安定になりやすいので、腰に力を入れて行う必要がある。そのため、腰の力を腕に伝える動き（ローリングを先に始めた瞬間にキャッチ動作をスタートさせる）感覚を掴みやすくなるのだ。

上半期のトレーニング

キャッチ動作の感覚を鋭くする

ねらい

難易度 ★★☆☆☆
段階 第3段階

習得できる技能
▶ スピード強化
▶ 耐乳酸能力強化
▶ 持久力強化
▶ フォーム
▶ フィジカル
▶ ターン&タッチ
▶ スタート&浮き上がり

Menu 006 水を捉える動作だけを繰り返すキャッチドリル

やり方　キャッチ動作だけで進んでいく

ストリームラインの姿勢から、ヒジを立ててキャッチ動作を行ったらすぐに水中で腕を前に戻す。この動作を左右交互に繰り返し、キャッチ動作だけで進むのが、このキャッチドリル。

キャッチ動作だけを繰り返し行うので、小指から動かしてヒジを立てる、というキャッチで最も大切なポイントだけを繰り返し練習することができる。さらに、小指から水を捉えるときに、ローリングを軽く入れてあげると、腰の力を使ってキャッチ動作を行う感覚も連続して練習することができる。

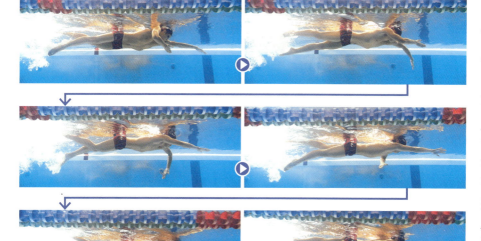

キャッチだけに集中すれば感覚も掴みやすい

水中では普通に泳ぐだけでも、身体を安定させたり呼吸をしたり、キックを打ったりと、動かさなければならない部分が多く、ひとつの動作に集中しにくい。そこで、キャッチというひとつの動作だけに集中して練習するために、このキャッチドリルを行うと良い。

上半期のトレーニング

難易度 ★★★☆☆
時間 2時間

持久力を鍛える練習メニュー&
ヒジを立てて水を捉える感覚を覚える

ねらい

Menu 007　量的強化期・ロンググループメニュー&
キャッチでヒジを立てて効率良く水をつかむ

習得できる技能
▶ スピード強化
▶ 耐乳酸能力強化
▶ 持久力強化
▶ ストローク&キック
▶ フィジカル
▶ ターン&タッチ
▶ スタート&浮き上がり

上半期・量的強化期 (10〜12月)	ロンググループ(400〜1500m)	練習量★★★　練習強度★★★★	
KICK	①600×2 (9:00) Locomotive、 100×6 (1:40) Hard ②400×4 (7:00) Ba or S1 sn ③〔200×2 (3:30)・50×4 (50)〕×3 rest (30) ④100×16 (1:40) smooth−Hard/1t	長い距離を続けて泳ぐ（②）か、1本、または1セットの中で強弱をつけて泳ぐ（①・③・④）ことで持久力を向上させよう。その際、smoothとHardの強弱をしっかりつけることが重要だ。正しい姿勢を保つためにはBaを行うことも効果的。ロンググループの選手はキックの苦手な選手が多いが、近年は1500mでもキックを打ち続ける泳ぎ方が主流なので、キック練習もおろそかにしないようにしておこう。	
PULL	①800×5 (11:00) Des 1〜3t sn　4・5t ノーマル ②400×10 (5:20) Des/ 2t sn使用可 ③200×12 (2:50) (2:30) /1t ④100×20 (1:20) smooth−Hard/ 1t or Fr-Fly/1t	プルのトータル距離は2000〜4000mで多めにしよう。心肺機能を高め、全身持久力を向上させる（①・②）のが主な目的。Pullはプルブイを足に挟むので腰が浮いて頑張りやすいので、距離を多めに設定しやすい。また、長距離選手は呼吸が片方に偏りやすくなるので、シュノーケルを使用して泳ぎの左右のバランスを整えることも大切だ。④のような強弱をつけたインターバル練習も、持久力強化に効果的。サイクルを伸ばしてFlyを取り入れることも体力向上に役立つ（③）。	
SWIM	①100×30 (1:20) Des/5t ②200×4×5 (2:40) Des/ 1s rest (1:00) ③100×8×3 (1:20) (1:15) (1:10) / 1s Des rest (1:00) ④200×12 (2:50) 1〜9t (SW/100) / 3t 10〜12tFr Des/3t	全体的に短いサイクルで一定のペースで泳ぐか、Desで上げていくことを意識して持久力を向上させよう（①・②）。サイクル内で泳ぐことに挑戦するような練習（③）も、持久力向上には効果的。IM選手は④のようにSWの練習を多く取り入れ、種目ごとにDesしたり、最後のFrでHardしたりする練習で持久力を養おう。その際、BaのバサロやBrのひとかきひとけり、Frの浮き上がりをしっかり行うことが、持久力を養う上でも大切なポイントになる。	
TOTAL・陸トレ	TOTAL距離は、7000〜9000m程度。ロングチームはパワーよりも全身持久力を必要とする種目であるため、ウェイトトレーニングはショートやミドルグループよりも少なくてもOK（週に1・2回）。その分、体幹を鍛えるための補強運動やTRXを活用したトレーニングを多めに入れておこう。TOTAL距離が多くなると肩の故障につながることもあるので、セラチューブ（ゆるめのチューブ）などを使用して、肩のインナーマッスルを鍛え、故障予防にも努めておこう。練習量が多いので、体重の維持にも気をつけよう。体重が減ると練習を頑張ることができなくなり、効果的な練習を積むこともできなくなる。そうなったら、練習内容を見直し、水分補給や食事・休息なども見直して、体重が維持できるようにしておこう。		
全体解説	練習量は多めに、練習強度は低くして、この時期は全身持久力の向上を主な目的として練習を組もう。1本ごとの距離が長く（200〜800m）、サイクルは短く（10〜20秒レスト）、TOTAL距離が最も多い練習になるのがロンググループの特徴だ。400mの選手は耐乳酸能力も必要となるため、ある程度練習強度を上げるメニューを入れる必要もある。1500mの選手は、上半身の持久力を強化するためにPullが多くなるのも特徴的だ。400m個人メドレーの選手は、4種目の中でもレース後半のBrやFrの練習を多めにしておこう。ロングチームはFr を中心に泳ぐ時間が長くなりやすいため、全身のバランスや故障の予防のためにIMの練習も取り入れよう。特にFrの練習では、呼吸が左右どちらかに偏りやすいため、シュノーケルを使用することも大切。チーム内に同じ力量をもつ選手と競い合いながら練習すると、練習効果を高められる。また、ロンググループはHR（ハートレート）を目安に強度を考えるのもオススメ。HR26〜28を維持しつつも、速い記録で泳ぐことが持久力向上に非常に効果的のだ。		

Locomotive…25HE 50HE 75HE 75HE 50HE 25HE　　smooth…サイクル内でゆっくり

〈練習メニューの組み方例〉
メニューを自分で組んでみよう

Kick	①600m×2回(9:00)Locomotive、100m×6回(1:40)Hard
Pull	②400m×10回(5:20)Des/ 2t sn使用可
Swim	③100m×8回×3セット (1:20)(1:15)(1:10)/ 1セット Des セットrest(1:00)

解説

キックもプルも、そしてスイムでも持久力を鍛えることがベースの練習。キック、プルで長めの距離を入れたら、身体に刺激を入れる意味でも、スイムは短めの距離を入れると良い。ただ、短めの距離にしても持久力は鍛えたいので、そこはサイクルを短くすることで対応していく。もちろん、キックとプルを短めの距離にして、スイムを長めの200mで行うのもOK。

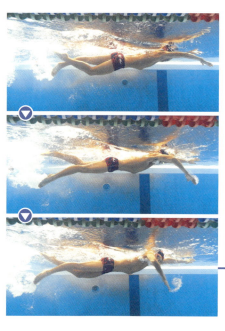
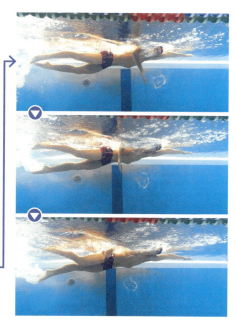

⚠ フォームのポイント
ヒジを立てることで水を大きく捉えて高い推進力を得る

キャッチ動作をするとき、小指を意識して行うと、力が出しやすいという利点のほかに、もうひとつ良い効果がある。それが『キャッチでヒジを立てる』動作につながることだ。ヒジを立てることで、前腕から指先までが1枚の板のような状態になり、たくさん水を捉えられるようになる。ここでたくさん水を捉えれば、このあとのプルからフィニッシュ動作でもたくさん水を押すことができ、高い推進力を生み出せる。

しかし、よく「ヒジを立てる」と言われるが、この動作ばかりを意識していると、肩に余計な力みが生まれたり、肩関節に負担がかかって痛くなってしまったりする。
ヒジを立てるには、先に行ったように、小指を意識して、小指からキャッチ動作を行うようにすれば、それだけでヒジは自然と立つ動きになってくれる。大切なのは、ヒジを立てる意識を持つのではなく、小指から動作を開始することなのだ。

上半期のトレーニング

道具を使ってドリルの効果をアップさせる

ねらい

Menu 008 パドルを活用してヒジを立てる感覚を養う

難易度	★★☆☆☆
段階	第3段階

習得できる技能
▶ スピード強化
▶ 耐乳酸能力強化
▶ 持久力強化
▶ フォーム
▶ フィジカル
▶ ターン&タッチ
▶ スタート&浮き上がり

やり方　手のひらに当たる水の量を増やして小指から動かす感覚を掴みやすくする

パドルを使ってストロークをするドリル。パドルを使うと、使わないときに比べて水がたくさん手のひらにひっかかるようになる。そのため、小指に力を入れる、小指からキャッチ動作を開始する、という感覚が分かりやすくなるのだ。キャッチするとき、小指に力を入れることを意識して泳いでみよう。そうすると、力が入りやすくてパドルを使っていたとしてもしっかりと水を抑えることができ、さらにヒジを立てる動作もやりやすいことに気づくことだろう。

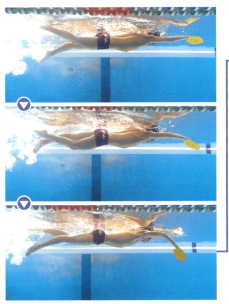 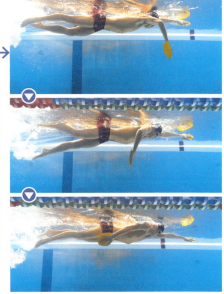

？ なぜ必要？

細かい動作は道具を使うと感覚が分かりやすい

道具を使うと、使わないときに比べて細かい動作を意識しやすくなることが多い。パドルはパワーをつける練習にも使えるが、今回のように細かい動作の感覚を分かりやすくするドリルにも活用できる。

上半期のトレーニング

ストロークのタイミングをドリルで覚える

(ねらい)

難易度	★★☆☆☆
段階	第3段階

習得できる技能
- ▶ スピード強化
- ▶ 耐乳酸能力強化
- ▶ 持久力強化
- ▶ フォーム
- ▶ フィジカル
- ▶ ターン&タッチ
- ▶ スタート&浮き上がり

Menu 009 アロードリルでコンビネーションのなかでキャッチを開始するタイミングを覚える

やり方 リカバリー動作をゆっくり行う

片ほうの腕は水中で前に伸ばした状態を保ちつつ、反対の腕でリカバリー動作をゆっくりと行う。リカバリーしてきた手が入水するタイミングに合わせてキャッチ動作を行い、フィニッシュまで一気に水をかききる。入水したほうの腕は、水をかいた勢いを使ってできるだけ前方に伸ばす意識を持とう。
キャッチのタイミングは速すぎても遅すぎてもダメ。

リカバリーしてきた反対側の手が頭を過ぎて、前方に体重が乗っていくような感覚のタイミングでキャッチするのが理想的。リカバリー動作をゆっくり行うことで、このキャッチを開始するタイミングを慌てずに確認することができるのが、このドリルだ。

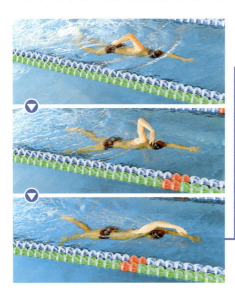 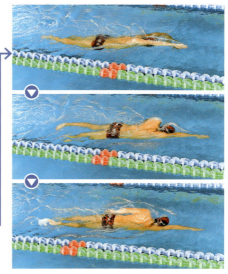

? なぜ必要?

ゆっくり動かして動作に集中する

あえてリカバリー動作をゆっくり動かすことで、しっかりと水を捉えられるキャッチを行うタイミングを細かく調整できる。自分が小指に力を入れやすく、ヒジが立ちやすく、水をたくさん力強く捉えられるキャッチのタイミングをこのドリルで見つけ出そう。

上半期のトレーニング

スピード能力向上練習メニュー＆背泳ぎの姿勢のポイント

ねらい

Menu 010 質的強化期・ショートグループメニュー＆腰に力を入れつつフラットな姿勢を作る

難易度 ★★☆☆☆
時間 2時間

習得できる技能
▶ スピード強化
▶ 耐乳酸能力強化
▶ 持久力強化
▶ ストローク＆キック
▶ フィジカル
▶ ターン＆タッチ
▶ スタート＆浮き上がり

上半期・質的強化期 (1〜2月)	ショートグループ（50〜100m）	練習量★★　練習強度★★★★★
KICK	①100×4（3:00）Hard、50×4（1:30）E-H/1t　Fin ②[25×2×4]（30）Hard　rest（3:00） ③25×8（ー）Dive　水Hard ④水中壁キック　10秒×6　呼吸なし	50〜100mでスタートからタッチまで全力でキックを打ち続けることを目的とした練習（①・②・③）。1本1本のタイムを計り、少しでも記録を縮めることを目標にして取り組もう。Finを使用して強度を上げるのも効果的。④は、レース以上のスピードでキックの回転を上げる練習。手を壁につき、水面上で10秒間全力でキックをうつ。目にもとまらぬ速さでキックを打とう。
PULL	①100×8（2:00）S1　E-H/1t ②50×8×2（1:00）（1:20）/1s　1sDes 1〜4t　2sE-H/1t　rest（1:00） ③200×3（3:00）Fr、25×8（50）S1Hard　Pad ④50×6（1:00）、50×4（1:30）、50×2（2:00）　Des/1s　rest（1:30）	持久力を維持しながら、耐乳酸能力を向上させることを目的とした練習（①・②・④）。25mや50mでパドルを使用して強度を上げることは、スピード能力向上にとても効果的だ（③）。Frの選手は、FrだけでなくFlyやBrでプルのパワーを強化すると、Frにもつながるのでオススメ。
SWIM	①25×8×3（40）（50）（1:00）/1s　S1Hard　rest（1:00） ②50×4×3（1:20）　1sDes　2sHard　3sE-H/1t　rest（1:00） ③100×8（3:00）Hard、15×4　Dive ④100×4（8:00）　Dive or 50×6（6:00）　Dive	耐乳酸能力とスピード能力の向上を目指す練習（①・②・③）だ。①は1セット目からHardで泳ぎ、セットごとのDesにならないようにすること。③は100m8本を高いレベルで維持して行おう。15mのDiveは浮き上がりに気をつけて。④はレースを想定した耐乳酸能力を向上させる練習なので、1本目から高い記録と高い集中力で取り組むことが最も大切なポイントだ。
TOTAL・陸トレ	TOTAL距離は、4000〜5000m程度。陸上トレーニングは、筋肥大とともに最大筋力の向上を目指そう。質的強化期も同様にウエイトトレーニングを重視し、量的強化よりもさらに重たい重量で行うことを目標とする。メディシンボールを使用して、最大パワー付近での動作スピードを重視したトレーニングも週に1・2回行っておくと効果的だ。水泳の練習よりも、陸上トレーニングを重視する日を設定してもOK。また、陸上トレーニングを重視する日に水中練習でもスピード練習をすると、普段よりも強度の高いトレーニングができる。身体の回復を考えて、栄養の補給にも注意しておこう。ほかの時期と比較して食事回数を増やし、タンパク質や鉄分、ビタミン類の補給を心掛けること。加えて、常に高い負荷でのトレーニングを行うショートグループでは、心身ともに休めるような休養日をしっかり設けることも大切だ。	
全体解説	練習量が少なく、練習強度はとても高いのが特徴。もちろん、合間に持久力を維持する練習を入れ込むことも大切だが、耐乳酸能力とスピード能力の向上を目的とするのがこの時期の課題だ。1本ごとの距離が短く（15〜100m）、本数も少なめで、サイクルも長い。中途半端な練習にならないように集中力を高め、体力を回復させるのに必要な休息時間をとりつつ、1本1本を限界まで追い込むような高い強度で行おう。常に試合で泳ぐような理想のフォームで泳ぐことを意識し、故障予防のために身体のケアを行うことも重要なポイント。ドリルやフォームの時間を増やし、ウォーミングアップやクーリングダウンも多めに行うのがオススメ（15〜20分）。Diveやターンの練習を多く取り入れ、スタート・ターン・浮き上がりの技術を向上させることも忘れずに。	

〈練習メニューの組み方例〉
メニューを自分で組んでみよう

Kick	③25m×8回(サイクルなし)Dive 潜水Hard
Pull	①100m×8回(2:00) S1　E-H/1回ずつ
Swim	④100m×4回(8:00)　Dive　or 　50m×6回(6:00)　Dive

解説

パワーアップとスピード能力の強化がメイン。キックでは水中動作のスピードアップを図り、プル、スイムでは全力を出し切るようなメニューを組み立てる。キック、プル、スイムのすべてで短い距離ばかりだと、スピード持久力が下がってしまうので、100m以上の距離を泳ぐメニューを合わせて行うのがコツだ。

⚠ フォームのポイント
クロールと同じように腰に力を入れた姿勢を作る

クロールのときと同じように、腰に力を入れ、その状態をキープするような姿勢を身体に覚え込ませよう。まずは、クロールと同様に陸上で腰に力を入れる感覚を養おう。立った状態から、軽くヒザを曲げ、腰に力を入れることを意識しながら、肩の高さは変えずにヒザを伸ばす。少しお尻を突き出すようなイメージだ。

ただし、背泳ぎの場合は腰を反らせすぎると腰が落ちて沈んでしまうので注意が必要だ。水面から顔を出したい、という意識が強くなるとアゴが上がって腰が反りやすくなる。軽くアゴを引いて、天井を真っすぐ見るような頭の位置をキープしておこう。また、腰の反りすぎを抑えるためにも、腹筋も意識して締めておくと良い。

そして、腰の力を指先、足先に伝えるためにも、特にキャッチ部分では腰(ローリング動作)を先導させるようにして行おう。

◀腰に力を入れた姿勢を作れば、背泳ぎでも水面近くにボディポジションを保つことができる

上半期のトレーニング

腰の力の伝え方を陸上で確認する

ねらい

Menu 011 陸上で腰の力を伝えられるキャッチ動作のポイントを覚えよう

難易度 ★★☆☆☆
段階 第3段階

習得できる技能
▶ スピード強化
▶ 耐乳酸能力強化
▶ 持久力強化
▶ フォーム
▶ フィジカル
▶ ターン＆タッチ
▶ スタート＆浮き上がり

やり方　パートナーとふたりひと組になって腰の力を指先に伝える動きを練習する

ひとりが腰に力を入れた状態で前を向き、右手を上にあげ、右脚を前、左脚を後ろに開いて立つ。パートナーがその後ろから、右手の平を軽く押さえてあげる。この状態から、腰を先導させて（軽く右側の腰を前に出すイメージ）、右手でパートナーの手を下に押さえ込む。腰の力を指先に伝えるような意識を持とう。この感覚は、バッティングと同じ。腰が先に回転してから、その回転にバットがあとから付いてくる。このイメージを持っておこう。

力を入れる方向が後ろ側なので、もし分かりにくいのであれば、まず真正面を向いた状態で腰に力を入れて、脚を前後に開く。右手をパートナーが押さえながら、身体の中心軸をぶらさないように、左側の肩をグッと前に押し出してあげると良い。

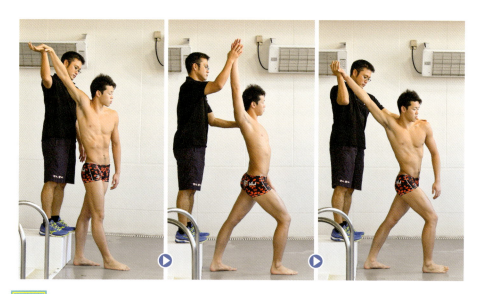

? なぜ必要？

陸上でやっておけば水中でも感覚が掴みやすい

腰の力を指先に伝える感覚を身につけるため、水中では分かりにくいので陸上でまずは動きと感覚を掴んでおく必要がある。

上半期のトレーニング

ドリルでひとつの動作に集中する

Menu 012 キャッチドリルで腰の力を使って水を捉える感覚を掴む

難易度 ★★☆☆☆
段階 第3段階

習得できる技能
▶ スピード強化
▶ 耐乳酸能力強化
▶ 持久力強化
▶ フォーム
▶ フィジカル
▶ ターン＆タッチ
▶ スタート＆浮き上がり

やり方　片手ずつ交互にキャッチだけを行う

仰向けの状態で、背泳ぎのキャッチだけを左右交互に連続して行う。身体をローリングさせることを忘れないようにしよう。たとえば、左手でキャッチをする場合は、左側に身体を軽くローリングさせて傾けてから、左側の腰を上に持ち上げるようにローリングで腰を先導させてから左手のキャッチ動作を行おう。

ポイントはふたつ。ひとつは腰の力を指先に伝えるために、ローリングを先導させてからキャッチを行うこと。もうひとつは、クロールと同様に小指から水を捉える意識を持つこと。小指から動かせば力が入りやすいだけではなく、ヒジも立って前腕も使って水を捉えられるようになる。

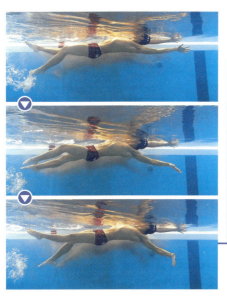 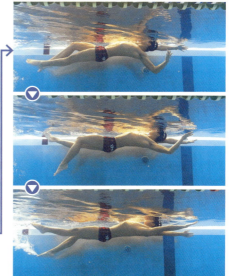

？ なぜ必要？

一カ所に集中して練習すると習得が早まる

コンビネーションだと、キックやフィニッシュなども含めて、たくさん意識するところが出てきてしまう。ひとつの動作だけに絞ったドリルは、その動作だけに集中するために行うのだ。

上半期のトレーニング

スピード持久力強化の練習メニュー＆キャッチにつなげやすい背泳ぎのキャッチ
（ねらい）

Menu 013 質的強化期・ミドルグループメニュー＆効率良くキャッチ動作につなげる入水を学ぶ

難易度 ★★★☆☆
時間 2時間

習得できる技能
- ▶ スピード強化
- ▶ 耐乳酸能力強化
- ▶ 持久力強化
- ▶ ストローク＆キック
- ▶ フィジカル
- ▶ ターン＆タッチ
- ▶ スタート＆浮き上がり

上半期・質的強化期 (1〜2月)	ミドルグループ (100〜200m)	練習量★★★　練習強度★★★★
KICK	①400×2 (6:30)、200×4 (3:20) Des ②100×12 (2:00) smooth・Hard／1t、25×8 (50) S1Hard ③50×8×3 (50) (1:00) (1:10) /1s　1sDes　2sHard　3sE-H／1t　rest (1:00) ④100×4×5A (1:30) (1:25) (1:20) (1:15) (1:10) /1s　restはセット毎にのばす	持久力と耐乳酸能力の向上を図りながら、スピード能力も高められるメニュー。①〜④はすべてその練習に当てはまる。②の100mは強弱をしっかりつけることと、25m・50mのHardは集中して取り組もう。④は日大豊山水泳部伝統のキック練習だ。A〜Dまでのグループに分け、サイクルを+5する。3セット目までは必ずサイクル内で泳ぎ、4セット目は少しサイクルに合うように泳ぐチャレンジセットとなっている。同じ練習を繰り返すことで、自分の力がどのように向上しているかを知ることにもつながる。
PULL	①100×16 (1:30) 2tS11tFr ②50×16 (1:00) S1　Des／4t ③200×5 (3:00) S1　Des、50×8 (1:10) S1E-H／1t ④200×10 (2:40) Fr　sn可	基本的にはS1を多く取り入れ、持久力を強化する（①・②・③）。平泳ぎの選手はIMやFlyで強化する。PullはSwimに比べて強度を下げて練習することができるため、上半身の持久力強化として有効だ。④のようにサイクルを短めにしてFrで持久力を強化することを取り入れていこう。
SWIM	①200×3×3 (2:40) (3:00) (3:20) /1s　S1Des／1s　rest (2:00) ②[100×3×4] (1:30) S1　Hard　restE100、25×4　S1Dive ③50×8×3 (1:00) (1:10) (1:20) /1s　S1　Hard　rest (2:00) ④200×10 (4:00)　or　100×20 (2:30) or　50×40 (1:10) S1　DATA	持久力を高めるとともに耐乳酸能力を向上させることを目的とする（①〜④）。サイクルを長くしていくことでHardの質を上げたり（①・③）、短めのサイクルで少ない本数を高いレベルで維持する練習（②）がこれにあたる。④は2000mをすべてS1でHardする練習だ。かなりきつい練習だが、持久力・耐乳酸能力を向上させることができる。繰り返し行い、平均タイムを計っておくことで、現状の自分の力を確認することができる。
TOTAL・陸トレ	TOTAL距離は、5000〜7000m程度。陸上トレーニングはウエイトトレーニングを重視し、メディシンボールを取り入れてショートチームと同様に行おう。200mを専門としている選手は、量的強化期から引き続き筋肥大のトレーニングを継続しても良い。陸上トレーニングでも乳酸が溜まる練習が続き、さらに水中練習でも乳酸が蓄積する練習を行っているため、栄養や休息をしっかりとり、身体のケアを重点的に行うように心掛けて生活しよう。	
全体解説	練習量は普通で、練習強度が高い。200mを専門とする選手は練習量が多めになるのが、この時期のミドルグループの特徴だ。全身持久力と耐乳酸能力の向上が主な目的となる。レースの後半の強化に加え、前半のスピードを高めて後半まで持続させる練習が必要な時期なので、練習強度が高くなるためサイクルは長めになるが、1本ごとの距離や本数、サイクルの組み合わせは練習方法によって様々なパターンがある。量的強化期に引き続き、Kick・Pull・Swimをすべてバランスよく鍛える必要があるため、ミドルグループが最も練習で覚えることが多くなる時期でもある。スピード能力向上のためのDive練習も、アクセントとして取り入れていこう。週に1度はスピード練習を重視した日を作るのがオススメだ。大会が多くなり始める時期でもあるので、大会で多くの種目に挑戦し、耐乳酸能力を向上させるのも効果的な練習と言えるだろう。平泳ぎの選手は、ドリルの練習をそのまま強化練習にあてることもできる。サイクルは100mにつき+20〜30。	

〈練習メニューの組み方例〉
メニューを自分で組んでみよう

Kick	①400m×2回（6:30）、 200m×4回（3:20）Des
Pull	③200m×5回（3:00）S1　Des、 50m×8回（1:10）S1 E-H/1回ずつ
Swim	②[100m×3回×4セット]（1:30） S1　Hard　セットrestはE100、 25m×4回　S1 Dive

解説

スピード持久力は、ある程度のスピードを出した状態をキープし続けることで鍛えられるが、非常にきつい練習だ。キック、プルともに長い距離を活用しつつ、スイムも長めの距離のセットを持ってくるのがオススメ。ただ、長い距離ばかりだとスピードが緩んでしまう可能性があるので、最後に25mのDiveを入れておこう。メリハリも必要だが、ミドルグループはしつこく頑張りきる時期も必要だ。

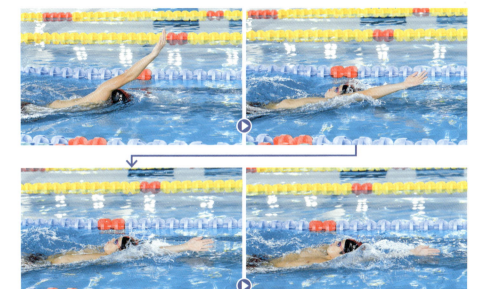

⚠ フォームのポイント

小指から入水させる理由は
効率良くキャッチに動作をつなげるため

背泳ぎでは、小指から入水しなさい、と教わることが多い。それにはきちんと理由があって、無駄なく効率良くキャッチの動作につなげるためなのだ。
背泳ぎは肩に負担がないように、楽に腕を動かすと、手の甲から入水したり、少し手の平が内側に向いた状態で入水したりしてしまう。だが、それでは入水後にキャッチをするまでの間に、一度手のひらを外に向ける、という動作が入ってしまう。これは非常にムダな動作。入水したら、スムーズにキャッチ動作に移行できるように、手のひらを外側に向けておくこと。すると、自然と小指から入水することになる、というわけだ。
肩への負担は、ローリングをすることで軽減することができるため、特に負荷のかかる動作ではない。小さな動きひとつで、泳ぎが大きく変わる。意識をするだけで変えられる部分なので、ぜひ取り組んでみよう。

上半期のトレーニング

前方に体重をかける感覚を磨く

ねらい

Menu 014　リカバリー中に一度手を止めるストップモーションで落ち着いて入水させる

難易度	★★★☆☆
段階	第3段階

習得できる技能
- ▶ スピード強化
- ▶ 耐乳酸能力強化
- ▶ 持久力強化
- ▶ フォーム
- ▶ フィジカル
- ▶ ターン&タッチ
- ▶ スタート&浮き上がり

やり方　リカバリーしている腕が垂直になったら一度止めてからゆっくり入水させる

普通に背泳ぎのコンビネーションを泳ぐのだが、リカバリー動作の途中、腕が水面に対して90度になったところで一旦停止。そこから、ゆっくりと小指から入水することを意識しながらストロークを再開させるドリル。

普段なら、あまり意識しないリカバリー動作の途中で一旦停止させることで、入水までの動きを意識しやすくすることができる。

また、腕を垂直の状態でキープさせるためには、キックをしっかり打ちながら、腰に力を入れながら体幹を締めておく必要がある。そうしないと、すぐに下半身が沈んでしまうのだ。姿勢のチェックもこのドリルを使ってできるので、入水だけではなく、背泳ぎの水中姿勢を修正したいときにも活用してみよう。

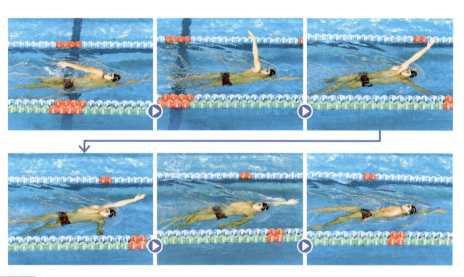

？ なぜ必要？

リカバリー動作の良い動を習得する練習も必要

リカバリー動作を意識して行う機会は、さほど多くない。だが、小指から入水するなど、リカバリーの動作は、水をかいて推進力を生み出す動作に効率良く移行するための、非常に大切な"つなぎ"の部分。ドリルでしっかり確認して身体に動きを染みこませておこう。

上半期のトレーニング

キャッチにつながる入水を覚える

ねらい

Menu 015 理想の入水位置を覚えられる両手背泳ぎドリル

難易度 ★★★☆☆
段階 第3段階

習得できる技能
▶ スピード強化
▶ 耐乳酸能力強化
▶ 持久力強化
▶ フォーム
▶ フィジカル
▶ ターン&タッチ
▶ スタート&浮き上がり

やり方 ▶ 両手同時に動かして背泳ぎを泳ぐ

本来は片手ずつ交互に動かして泳ぐ背泳ぎ。それをあえて両手同時に動かして泳ぐドリルだ。目的は、理想の入水位置を覚えるため。

背泳ぎの入水位置は、肩幅の延長線上あたりが理想的。だが、ヒジが曲がったり、ローリングを意識し過ぎたりして、どうしても中心軸に近くなってしまいやすい。これもキャッチ動作までの間に、余計な動きを追加してしまう要因になる。

両手でストロークを行うと、意識しないかぎり両手の甲がくっつくくらい、中心軸に近いところで入水することはなく、理想的な肩幅の延長線上あたりに入水できる。この入水位置を何度も両手ドリルで練習して、身体に覚え込ませておこう。

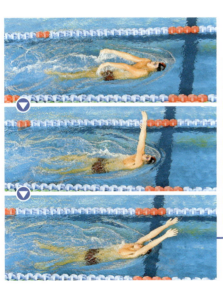 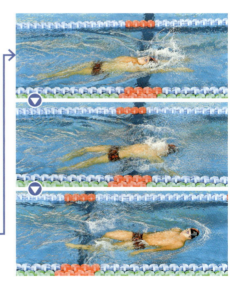

❓ なぜ必要?

自然と理想的な入水位置で泳げるから覚えやすい

普通の背泳ぎのときも、入水するときは身体が水平になっているタイミング。両手を同時に動かすとローリング動作もできなくなるので、まさに入水時の手の位置、身体の傾きが理想的なかたちで練習できるのだ。

上半期のトレーニング

質の高い持久力強化練習メニュー＆効率良く進める背泳ぎのキックのポイント

難易度 ★★★★☆
時間 2時間

習得できる技能
▶ スピード強化
▶ 耐乳酸能力強化
▶ 持久力強化
▶ ストローク＆キック
▶ フィジカル
▶ ターン＆タッチ
▶ スタート＆浮き上がり

Menu 016　質的強化期・ロンググループメニュー＆ヒザの裏側を意識したキックを覚えよう

上半期・質的強化期 (1〜2月)	ロンググループ（400〜1500m）	練習量★★★★　　練習強度★★★
KICK	①800×2 (14:00) 1tBa　2tS1 　　sn　Locomotive ②200×8 (3:20) S1　sn使用可 　　Des/2t ③100×12 (1:50) 1tsmooth　2tHard ④50×24 (1:00) Fly-Ba-Fr/8t	Baのキックは、Frのキック力を強化するのに効果的（①）なので、積極的に取り入れよう。姿勢を正し、ヒザをしっかり伸ばすことがポイント。Snも正しい姿勢を保つために役立つ（①・②）練習。練習強度を上げるには、サイクルを伸ばすことやHardの本数を増やすこと（③）。IMの選手はIMorderで行うのがオススメ。
PULL	①100×8 (1:20)、200×4 (2:40)、 　400×2 (5:20)、800×1　Des/1s ②400×5 (5:20) Des、100×8 (1:30) Hard ③〔200×2 (2:40) Even+200×1 (3:00) 　Hard〕×3　restなし ④200×4×2 (3:00) 1sFly　2sBa 　Des1〜4t　rest (1:00)	練習量を保ちながら練習強度を高めていこう。①は100m→800mへまでDesする。②・③はHardが多いが、Pullなので Swim ほど疲労は蓄積せずに持久力を高めることができるので、積極的に取り入れよう。④は個人メドレー選手用の練習で、FlyとBaの強化であるが、Frの選手が行ってもOK。
SWIM	①100×15×2 (1:30) (1:40)/1s 　1500mのペースを意識して ②200×8×2 (2:50)　1sEven/100 　2sNeg/100　　restE100 ③1500×3 (20:00) 　Des1〜3t ④〔100×4 (1:20) Des+200× 　1 (2:40) Neg/100+100× 　2 (1:40) Hard〕×3	レースを想定した泳速で練習するよう意識する（①）。②のEvenやNegの練習をすれば、強度を高めることができる。③は距離に対する不安をなくし、頑張りきることで自信をつけることができる練習法。④は400mの選手用で、Desで高めたスピードをさらにNegすることで、400mのレースで身体がきつくなる200〜300mの練習になる。最後の2本はレースのラストを意識してHardサイクルを変えることでIMにも応用できる。
TOTAL・陸トレ	TOTAL距離は、6000〜8000m程度。泳ぐ距離も多く、練習強度も高い時期となる。冬場のこの時期にしっかりとした体力をつけることが、春や夏の大会の結果につながるのだ。ただし、練習量が多くなると故障も心配になる時期なので、疲労を除去するための努力をすること。マッサージを受けるなどトレーナーなどの協力も積極的に仰ごう。陸上トレーニングは量的強化期と同様で良いが、少しでも重量を上げる努力をすることは大切。筋肉をつけることは故障の予防にもなるし、レースの最後に競り合った時に勝利するために必要なスピード能力を高める練習にもなる。	
全体解説	練習量は多く、練習強度は中程度である。量的強化期ほどではなくても、練習量をある程度維持しながら、練習強度を高めていく時期となる。長距離選手は、特にレースのペースを意識することが重要課題。400mや1500mで、自分が目標とする記録の100mや200m毎のタイムを計算し、練習タイムをそれに近づけること。または、1本を800m〜2000mの長い距離の練習を行うことで、距離に対する不安感も取り除く努力をしておきたい。ロンググループの選手は練習での頑張りが大会での成果に表れやすい種目なので、練習で自信をつけることが大切だ。何よりも練習中からライバルに競り勝つ努力をすることだ。HRを一定に保ちながら、高い心拍数になっても記録を落とさないようにしよう。	

Neg/100…Negative　前半よりも後半を速いタイムで
Even/100…EvenPace　前半と後半を同じタイムで

〈練習メニューの組み方例〉
メニューを自分で組んでみよう

```
Kick  ②200m×8回(3:20)S1
      sn使用可  Des/2回ずつ
Pull  ③(200m×2回(2:40)Even＋
      200m×1回(3:00)Hard)×
      3セット  セットrestはなし
Swim  ③1500m×3回
      (20:00)Des1〜3回
```

解説

量的強化時と同じくらいの練習量に加えて、スピードの質も高めるこの時期は、ロンググループにとって非常にきつい練習が続くタイミング。だが、ここでの強化が、100mごとのラップタイムの伸びに直結する。特にスイムでは、試合で泳ぐ1500mを通して練習しておくと、距離に身体を慣れさせることもできるので精神面も鍛えられる。

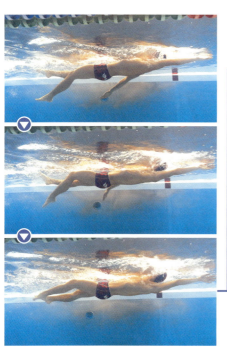 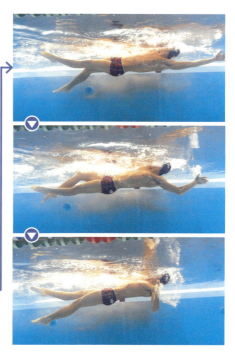

⚠️ フォームのポイント

蹴り上げよりも背泳ぎは蹴り下ろしの動きを意識しよう

仰向けで泳ぐ背泳ぎのキックは、蹴り下ろし動作を意識することが大切だ。ヒザの裏から脚全体で水を軽く押さえるような意識を持ってキックをしてみよう。ヒザを曲げて蹴り下ろすと大きな抵抗を生むだけではなく、下半身が沈む原因を作り出してしまう。ヒザの裏を意識すると、脚も自然と伸びた状態でキックできるようになる。

蹴り上げるときも、自然と脚がしなって軽くヒザが曲がるので、あまりヒザを意識し過ぎないことだ。ヒザを意識してしまうと、ヒザが水面から出て推進力が生まれない。

蹴り下ろしも蹴り上げも脚全体で行う意識を持つこと。そうすれば、水面には足先からしぶきが少し出る程度。これが効率の良い背泳ぎのキックができている証拠だ。

上半期のトレーニング

ねらい
高い推進力を得て良い感覚を学ぶ

Menu **017** フィンキックで推進力を高め良いキックの感覚を覚えよう

難易度 ★★★★☆
段階 第2段階

習得できる技能
▶ スピード強化
▶ 耐乳酸能力強化
▶ 持久力強化
▶ フォーム
▶ フィジカル
▶ ターン&タッチ
▶ スタート&浮き上がり

やり方　フィンを使ってキックを打つ

何もつけないでキックを打つよりも、フィンをつけたほうが推進力が高くなる。また、脚で捉える水の量も多くなるので、しっかりと水を脚全体で捉える感覚を養うことができる。
注意したいのは、水を捉える量が多くなるので、ヒザが曲がりやすくなってしまうことだ。キャッチのときと同じように、腰の力を脚に伝えることを意識して、腰を先導させて動かしてから、脚全体を動かすようにしよう。たとえば、右脚で蹴り上げるときは、まずは右側の腰を少し上に持ち上げるように小さくローリングを入れてから、その動きに連動させて右脚でキックを打つ。常に腰の動きと脚を連動させることが大切なポイントだ。

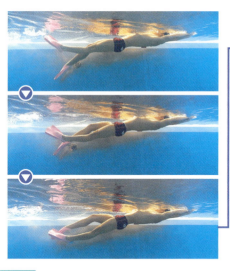 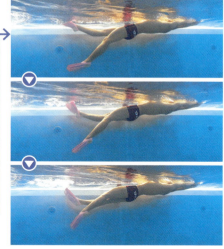

❓ なぜ必要?

道具を使って良い感覚を身体に覚え込ませよう

フィンを使うと、素足でのキックだと得られない推進力を得ることができる。そのため、小さな力でたくさん水を捉えられるので、腰と脚の連動に集中して練習できるようになる。また、高いスピード感を身体に覚え込ませるのにも役立つし、パワーアップトレーニングとしてもフィンは活用できる。

上半期のトレーニング

腰の力を伝えるキックの感覚を養う

ねらい

Menu 018 水面バサロで脚の裏側を使う感覚を養う

難易度 ★★★★☆
段階 第2段階

習得できる技能
▷ スピード強化
▷ 耐乳酸能力強化
▶ 持久力強化
▶ フォーム
▷ フィジカル
▷ ターン&タッチ
▷ スタート&浮き上がり

やり方 ▶ バタフライのキックを仰向けで行う

両脚を同時に動かして行うバタフライキックを仰向けで行うドリルだ。両脚を同時に動かすので、片脚で行うキックのときよりも、足の裏を利用して打つキックの感覚を掴みやすくなる。
注意するポイントは、上半身が大きくうねったり、上下動を大きくさせたりしないこと。両脚でキックを打つとき、身体全体でキックを打とうとすると、上半身が大きくぶれてしまう。ここでも大切になるのは、腰。腰の力を足先に伝える意識を持ち、腰からキック動作を行うように注意してみよう。そうすると、上半身のブレを小さく抑えることができる。大切なのは、体幹（腰）を使う意識を持ちながら行うことだ。

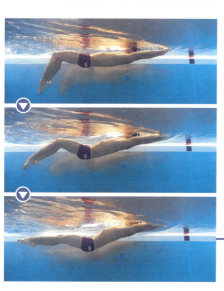
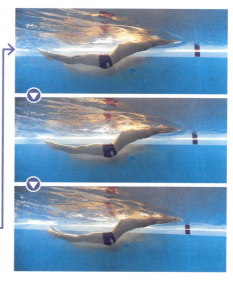

? なぜ必要？

泳ぎだけではなくスタートやターン時にも役立つ

両脚だと脚の裏全体を使う意識を持ちやすいのに加え、背泳ぎではスタート、ターン後に仰向けでバタフライキックを打つ（バサロキック）機会が多い。このスタート、ターン後の動作にもつながるので、ぜひ積極的に取り入れよう。

上半期のトレーニング

難易度 ★★☆☆☆
時間 2時間

試合で使えるスピードを身につける練習メニュー＆平泳ぎで大切な抵抗の少ない姿勢を覚える

ねらい

習得できる技能
- ▶ スピード強化
- ▶ 耐乳酸能力強化
- ▶ 持久力強化
- ▶ ストローク＆キック
- ▶ フィジカル
- ▶ ターン＆タッチ
- ▶ スタート＆浮き上がり

Menu 019 調整期・ショートグループメニュー＆抵抗の少ないストリームラインの作り方

上半期・調整期（3月）	ショートグループ（50～100m）	練習量★　練習強度★★★
KICK	①50×6（1:10）、25×8（50） 　1～4tDes　5～8tE-H/1t ②100×4（2:30）、25×4（1:00）15msprint ③50×8（1:20）1～4tDes　5～8tE-H/1t ④100×4（2:20）E-H/25	この時期は全体的に練習量を減らしていこう。足は筋肉量が多いので強い力が出るが、疲労も除去しにくい部位であるため、足の疲労は、調整期における身体の疲労の目安になる。練習量を減らしても、スピード能力が衰えず、力を入れる感覚を忘れないようにすることが大切だ。
PULL	①200×2（3:30）、50×8（1:10）S1 　Des1～4t ②100×4（2:00）、25×8（50）S1　Des1～4t ③25×12（50）S1　1～8tDes　5～8tE-H/1t ④100×3（2:00）、50×4（1:10）、 　25×4（1:00）Des/1s	キックを使わない分、疲労が残りにくいPullは、最低限の持久力を維持することを目的に行う（①・②）。スピード練習で腕の回転を上げることを意識する練習（②・③・④）も必要だが、なによりもPullの練習では、特にキャッチで水をしっかりと捉えられているかどうかを意識することが大切である。
SWIM	①50×2×2（1:00）100mの 　RacePace 1tDive restE200～ ②25×12（1:00）、50×2 Dive 　100mの前半のPace ③50×2 Dive or 　25×4 Dive or 15×4　Dive ④25×4 　アシストチューブ	RacePace（①・②）では、可能な限りレースと同じ状況を作って行おう。水着もレース用のものを着用し、W-UPは試合を想定して行う。理想とするレースのペース配分で実施することが重要なポイント。③は持久力を維持する練習を行ったあとに、スタートやレース前半の感覚を養うために行っておくと効果的。④はレースのスピードを実感しながら、泳ぎの感覚を研ぎ澄ますために効果的な練習だ。
TOTAL・陸トレ	TOTAL距離は、2000～3000m程度。陸上トレーニングでは今までの筋力を維持することを考えて行うこと。ウェイトトレーニングの回数は減らし（週1・2回）、強度も筋力を維持する程度で十分な時期。メディシンボールなど神経系の練習も回数や練習量を減らして行うと良い。体幹などの補強トレーニングではTRXを活用したり、自重のサーキットトレーニングなどで身体に刺激を入れることを考えて行おう。大会が近づくにつれて、疲労が蓄積しないように注意を払うこと。栄養補給は継続し、身体のケアを入念に行うのがコツ。トレーナーに協力をしてもらうこともオススメだ。	
全体解説	練習量はとても少なく、練習強度は中程度である。身体の疲労状態に最も敏感なのがショートグループの選手の特徴であるため、疲労を除去することに細心の注意を払うことが大切な時期だ。一週間の練習回数を減らし、休息を十分にとろう。3日練習して1日休み、というサイクルでもOK。最低限の持久力を維持しつつ、何よりもスピードを高める練習をする。加えて、フォーム練習を増やして泳ぎの感覚を研ぎ澄ませることも大切。疲労を取ることで身体が元気になり、スピードが自然に高まるという時期でもある。スタート技術などに注意を払い、スタート練習にも時間を積極的に使っていこう。強度の高い練習を行ったときは、ダウンの時間を増やす。日常的にも精神的なリラックスができるような配慮が必要なのがショートグループだ。	

〈練習メニューの組み方例〉
メニューを自分で組んでみよう

```
Kick  ②100m×4回(2:30)、
      25m×4回(1:00)15m sprint
Pull  ①200m×2回(3:30)、
      50m×8回(1:10)S1
      Des1～4回
Swim  ②25m×12回(1:00)、50m×2回
      Dive  100mの前半のPaceを意識
```

解説

調整期に入ると、身体の疲労を抜きつつ、練習中でも試合で泳ぐスピードを身体に染みこませていくことが大切。キックやプルでは、100m～200mで身体を温めてから、短い距離で一気にスピードを上げて泳ぐ。スイムでは、レースのペースを意識した練習を行おう。このペースは、自己ベストで考えるのではなく、自分が出したい目標タイムのペースを想定して練習しておくことが大事なポイントだ。

！ フォームのポイント

ストリームラインを作る時間が長いから
平泳ぎは真っすぐな姿勢が大切

バタフライ、背泳ぎ、クロールの3種目と平泳ぎは、全く別物である、ということが大前提。大きな違いは、ストリームラインの姿勢をとる時間がどの種目よりも長い、ということだ。だからこそ、平泳ぎではストリームラインの姿勢がどれだけ真っすぐで、水の抵抗を受けない形を作れているかどうかが重要なポイントになるのだ。

さらに、重要なのは手のかたち。親指同士と人差し指を手の甲側からくっつけるようにして、正面から見たら『V』のかたちになるように手を合わせる。

スタートやターン後、ほかの種目でも行うストリームラインの手のかたちとは少し違う。なぜそうするかというと、次のキャッチ動作にスムーズに移行するためだ。この手のかたちだと、そのまま真横に腕を動かすだけで、ヒジを立てて水を捉えるキャッチポイントまでムダな動作がひとつもなく行える。手を重ねて組み合わせるほうが楽なのだが、このかたちでストリームラインを作れると、平泳ぎは今以上に効率的に泳げるようになるのだ。

上半期のトレーニング

ねらい 平泳ぎ独特の進む感覚を覚える

Menu 020 壁を蹴ってからのストリームラインで姿勢の練習を繰り返す

難易度 ★★☆☆☆
段階 第1段階

習得できる技能
- スピード強化
- 耐乳酸能力強化
- 持久力強化
- ▶ フォーム
- フィジカル
- ターン&タッチ
- スタート&浮き上がり

やり方 壁から蹴伸びでストリームラインを作る

壁を蹴ってから、手足を動かさずにストリームラインの姿勢を作る蹴伸びで、姿勢のチェックを行おう。最初、蹴り出すときは手を重ねてスタートしても良いが、身体が浮き上がってきて水面に背中が出る前には、手のかたちを『V』にしておこう。

ただ壁を蹴って蹴伸びをする、というだけのシンプルなドリルだが、姿勢作りにはいちばん効果的な方法だ。

？ なぜ必要?

ストリームラインが平泳ぎを速く泳ぐカギ

平泳ぎはストリームラインの姿勢でいる時間が、ほかの種目よりもとても長い。だからこそ、ここで水の抵抗を受けてタイムを落としてしまうのはもったいない。何度も練習してきれいな姿勢を作れるようにしておこう。

上半期のトレーニング

ねらい 自分のストリームラインをチェックする

難易度	★★☆☆☆
段階	第1段階

習得できる技能
- ▶ スピード強化
- 耐乳酸能力強化
- 持久力強化
- ▶ フォーム
- フィジカル
- ターン&タッチ
- スタート&浮き上がり

Menu 021 アシステッドチューブで抵抗の少ない姿勢を体感する

やり方 チューブを腰につけてストリームラインの姿勢のまま引っ張ってもらう

先に行った蹴伸びと基本は同じだが、腰にチューブを巻いて、パートナーに牽引してもらって行うドリルだ。もちろん、手を『V』のかたちにすることを忘れないようにしよう。
自分が壁を蹴るだけ、または泳ぐだけよりもはるかに速い速度で水中を進んで行くので、少しでも抵抗を受ける姿勢をしていると、とても水を重たく感じる。反対に、キレイな抵抗の少ないストリームラインの姿勢がとれていれば、抵抗なくスーッと進んでいく。ストリームラインで進む感覚、そして水の抵抗を少しでも感じたら、その部分を修正して良い姿勢を作れるように何度も繰り返して練習してみよう。

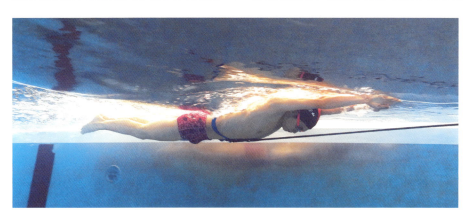

? なぜ必要？

体感スピードを上げると良い感覚を掴みやすい

水の抵抗はスピードに比例して大きくなる。チューブで引っ張ってもらってスピードを出せば出すほど、水の抵抗を受けている部分の引っかかりを感じやすくなる。

37

上半期のトレーニング

難易度 ★★★☆☆
時間 2時間

疲れを取り除きつつ持久力を落とさない練習メニュー&平泳ぎで効率良く水を捉えるキックを覚える

ねらい

Menu 022 調整期・ミドルグループメニュー&足首をうまく使ってキックで水を捉える

習得できる技能
▶ スピード強化
▶ 耐乳酸能力強化
▶ 持久力強化
▶ ストローク&キック
▶ フィジカル
▶ ターン&タッチ
▶ スタート&浮き上がり

上半期・調整期(3月)	ミドルグループ(100〜200m)	練習量★★　練習強度★★
KICK	①200×3(4:00)、50×8(1:10) Des1〜4t ②100×6(2:30)、25×8(1:00) Des1〜4t ③50×12(1:10) Des1〜4t ④50×8(1:10)、25×8(50) E-H/1t	持久力を維持する練習とスピードを高める練習を組み合わせる(①〜④)。下半身の疲労を考えて、練習量が多くなりすぎないようにすること。全体的にサイクルも長めにすると良い。フィンなどの道具は練習強度が上がってしまうため、使いすぎないように注意しておこう。
PULL	①200×4(3:00)Fr、50×8(1:10)S1Des1〜4t ②100×8(1:45)Fr、100×8(2:00)2tS11tFr ③50×12(1:10)S1Des1〜4t ④200×3(3:20)S1-Fr/50、 　25×4(50)S1　Hard	Pullは持久力を維持するために効果的(①〜④)。特にFrを多く取り入れるのがオススメだ。サイクルは長めに設定して行おう。S1でスピードを高めることを大切にすることがコツ。IMの選手はFly・Baを増やしてIMorderで、平泳ぎの選手はIMかドリル練習で行う。
SWIM	①100×2×2(1:40)200mのRacePace 　1tDive　restE200〜 ②200×3(3:30)S1-Fr/50、50×12(1:10) 　S11〜4t　Des5〜8tE-H/1t ③50×4×3(1:10)S1　Des1〜4t　rest(1:00) ④50×8(1:10)S1、25×8(50)E-H/1t、50×2、 　25×4　Dive	①は200m用のRacePaceの練習だ。パターンは(100m×1本+50m+2本)や(50m×1本+100m×1本+50m×1本)や(50m×4本)など、目的に応じて組み替えてもOK。②・③は持久力とスピードを維持する練習。④のようにDiveも入れて、レーススピードの感覚を養ったり、アシストチューブを使ってスピード感覚を養うのもオススメだ。
TOTAL・陸トレ	TOTAL距離は、3000〜5000m程度。陸上トレーニングはショートグループと同様に、一週間の練習回数を減らし、休息を十分にとり、疲労回復を第一に考えることが大切。筋力の維持を考えたメニューにし、疲労が蓄積しないように行おう。また、疲労回復のために栄養補給や身体のケアも十分に行うことを忘れずに。	
全体解説	練習量は少なく、練習強度は低い。疲労を取ることを第一に考えるが、ミドルグループでは持久力の低下を防ぐための練習量は必要だ。4・5日練習、1日休みというサイクルで行うのもオススメだ。練習強度は全体的には低くはなるが、レーススピードでの練習は必要とされるため、練習内容のメリハリのつけ方が重要な時期。100m専門の選手は、練習強度は量的、質的強化期よりも高くなり、スプリント能力を高める練習を多く取り入れることで試合に向けた身体の準備を整えていく。200m専門の選手は、100mが専門の選手よりも練習量が多めになる。ショートグループと同様に、フォームやスタート技術の練習時間を増やし、試合に備えよう。	

〈練習メニューの組み方例〉
メニューを自分で組んでみよう

Kick	①200m×3回（4:00）、 50m×8回（1:10）Des1〜4回
Pull	④200m×3回（3:20）S1-Fr/50m、 25m×4回（50）S1　Hard
Swim	③50m×4回×3セット（1:10）S1 Des1〜4回　セットrest（1:00）

解説

キックは持久力維持のために長めの距離を入れつつ、スピードを上げる瞬発系の短い距離の練習を組み込む。逆にプルの練習は持久力維持に活用しよう。そうすれば、スイムはスピード持久力を維持しつつ、レーススピードの感覚を取り入れるメニューも行える。持久系、スピード持久力系のメニューをスイムで行った場合は、最後にダイブで全力を出し切るメニューを組み込むと良いだろう。

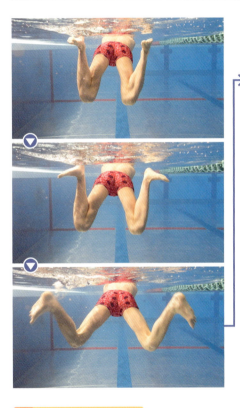
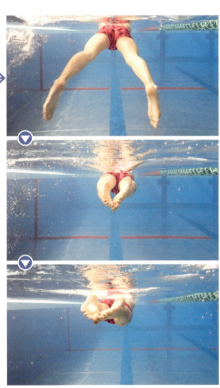

！フォームのポイント

足首まで意識を行き渡らせてキックを最後まで蹴りきること

平泳ぎキックの大きなポイントは、最後まで蹴りきる意識を持つことだ。脚を引きつける動作のときには水の抵抗を減らすこと、蹴り出すときには脚の内側、特にヒザから下の内側に水がしっかり当たるようにキックを打つことは大事だ。だが、それ以上に、キックの蹴り終わりのところで足首がだらんとならないように注意したい。ここでしっかり足首を返して、脚の指先まで揃えるくらいの意識を持つと、最後の「もうひと伸び」ができるようになる。

上半期のトレーニング

ねらい 足首の感覚を鋭くする

Menu 023 足首だけキックでつま先まで意識をする

難易度	★★★☆☆
段階	第2段階

習得できる技能
▶ スピード強化
▶ 耐乳酸能力強化
▶ 持久力強化
▶ フォーム
▶ フィジカル
▶ ターン&タッチ
▶ スタート&浮き上がり

やり方 ▶ 平泳ぎのキックで行う足首の動作だけを集中して行う

まずはプールサイドに腰かけて、平泳ぎのキックにおける足首の動きだけをやってみよう。足首をピンと伸ばして揃えた状態から、つま先を上に向けるようにして足首を返す。そのままつま先を横に向けて開いたら、最後は足の裏で水を押し出すようにしてつま先をピンと伸ばしながら両脚を揃える。これを繰り返すだけだ。

この動きが確認できたら、水中でスカーリングを使いながらくの字に浮き、同じように足首だけのキックで背中側に向かって進んでみよう。最後の足の裏で水を押す感覚を大事にして挑戦してみよう。

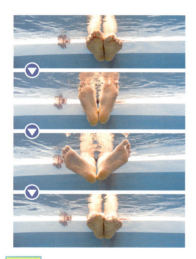

? なぜ必要?

足首の使い方がキックを変える

平泳ぎのキックは、脚全体で水を捉えることも大切だが、最後の最後でもうひと伸びするためには、足の裏でも水を蹴る意識をすることもポイントになる。そのための動作と感覚を足首キックは養うことができるのだ。

上半期のトレーニング

左右バランスの良いキックを覚える

難易度 ★★★☆☆
段階 第2段階

習得できる技能
▶ スピード強化
▷ 耐乳酸能力強化
▷ 持久力強化
▶ フォーム
▷ フィジカル
▷ ターン＆タッチ
▷ スタート＆浮き上がり

Menu 024 片足キックで左右差をなくしつつ片足でも水をしっかり捉える感覚をつかむ

やり方 ▶ 左右交互に平泳ぎのキックを打つ

平泳ぎのキックを片足ずつ、左右交互に行うドリル練習。片足だけでも、しっかりと水を捉え、後ろに押し出して推進力を生み出す練習でもあるが、大切にしたいポイントは左右差をなくすこと。

人間なので、左右差があるのは当たり前のこと。でも、両手両脚を同時に動かして泳ぐ泳法だからこそ、少しでもその左右差はなくしておきたい。そのためにも、自分がどのくらい左右差があるのかを片足キックで確認しよう。たとえば、左脚のほうが右脚に比べて弱いのであれば、左脚だけの片足キックを増やすといった対処をしていこう。

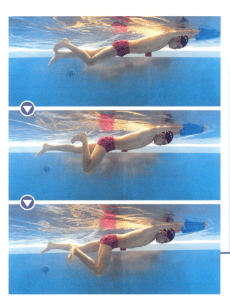 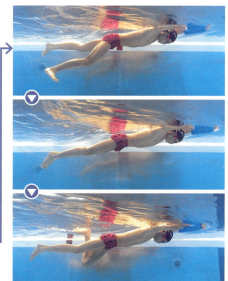

？ なぜ必要？

左右差を知れば修正もできる

左右差をなくすと泳ぎのバランスが良くなり、プルもキックも効率良く推進力を得る泳ぎ方ができるようになる。それにはまず、自分がどのような左右差を持っているかを知ることが大切。そのための片足キックでもある。

上半期のトレーニング

難易度 ★★★☆☆
時間 2時間

持久力を維持しつつ試合に臨める身体を作る練習メニュー&
推進力を生み出す平泳ぎのキャッチを覚える

習得できる技能
▶ スピード強化
▶ 耐乳酸能力強化
▶ 持久力強化
▶ ストローク&キック
▶ フィジカル
▶ ターン&タッチ
▶ スタート&浮き上がり

Menu 025 調整期・ロンググループメニュー&
小指からキャッチしてヒジを立てる

上半期・調整期（3月）	ロンググループ（400～1500m）	練習量★★★　練習強度★★
KICK	①400×3（7:00）Ba　or　S1 ②200×3（3:30）S1、50×12（1:10） 　　S11～4t　Des5～8tE-H/1t ③100×8（2:20）S1　sn ④50×16（1:10）S1　Des 1～4 t	キックの持久力を維持する練習である（①～④）。ある程度の距離は必要だが、練習強度は低くてもOK。シュノーケルを使用して姿勢を正して行う練習を取り入れるのがオススメ。疲労が蓄積しない程度に、Des や E-H で練習強度を上げておくと良い。
PULL	①400×4（5:30）Fr　sn使用可 ②200×6（2:50）Fr　sn ③100×16（1:30）（1:40）/8t　Fr 　　1～8tEven　9～16tDes/2t ④100×8（1:45）Fly-Ba/4t、 　　50×12（1:10）（1:00）/6t　Br-Fr/6t	持久力を維持するために Pull を多めに入れる（①～③）。④は IM 選手用の練習だ。基本的には、タイムのばらつきを少なくして、一定のスピードを保って泳ぐようにすることが大切。シュノーケルを使用して、泳ぎの左右のバランスを整えておくのも忘れずに行っておこう。
SWIM	①100×15（1:40）　1500mのRacePace ②100×1（1:40）+200×1（2:40）+ 　　100×1（ー）　400mのRacePace ③200×4（2:45）、100×6（1:40）、 　　50×8（1:00）　Des/1s rest（40） ④100×6（1:30）、100×4（1:40）、 　　100×2（1:50）　Des/1s　rest（1:00）	①・②は RacePace の練習。1500m は 200m×8本や200mと100mの組み合わせでも OK。400m は（200m×1本 +100m×2本）や（100m×4本）などのパターンもある。③・④は持久力を維持しつつ、スピードを高める練習。フォームを崩さないように最後はしっかりとキックをいれることが大切だ。
TOTAL・陸トレ	TOTAL 距離は、4000～6000m 程度。陸上トレーニングは体幹の補強などを中心に行い、最低限の筋力の維持を図るようにすること。TRX を利用して、体幹やバランス感覚を養うのもオススメだ。ウェートトレーニングは、大会の2～3週間前から行わなくても良いだろう。	
全体解説	練習量は中程度で、練習強度は低い。持久力の維持を図ることを第一に考え、レーススピードの練習に取り組むこと。ロンググループの選手は、調整期であってもある程度の練習量を維持することが必要だ。疲労の除去は必要だが、ショートグループのように休息日を増やせば調子が上がるというわけでもないので、泳ぎの感覚を重視し、選手個人個人の調子の上げ方を把握しておくことが大事。ある程度の量を泳いで持久力を維持しつつ、身体が疲労しすぎないように注意しておこう。	

〈練習メニューの組み方例〉
メニューを自分で組んでみよう

Kick	①400m×3回(7:00)Ba or S1
Pull	②200m×6回(2:50)Fr sn
Swim	③200m×4回(2:45)、 100m×6回(1:40)、 50m×8回(1:00)　Des/ 1セットごと　セットrest(40)

解説

キックとプルを使って、持久力を維持するために長めの距離を泳いでおくと、スイムでは試合で泳ぐスピードを意識する短い距離も入れられる。スイムでも、試合までの期間があるなら、少し長めの距離で持久力を保つようにしておこう。スイムは400m以上の種目を泳ぐなら、100mのレースペースの練習を繰り返し行い、身体にペースを覚えさせるのも効果的だ。

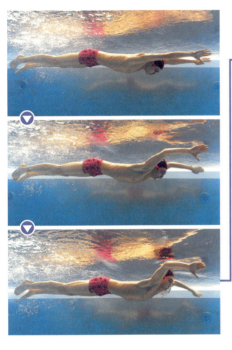
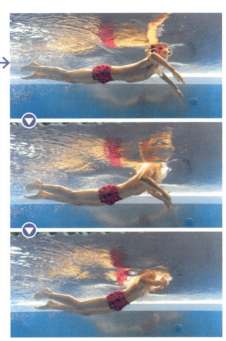

⚠ フォームのポイント

ヒジを立てて水を捉えるには
手を開いてから小指を意識してキャッチする

平泳ぎのキャッチも、クロールや背泳ぎと同様に、小指を意識して行おう。ストリームラインの姿勢から手を軽く横に開いたら、遠くの水を抑えるような意識で、小指からキャッチ動作を開始。ヒジを立てて、前腕だけではなく腕全体で水を後ろに押す感覚を持つことが大切だ。
ここで間違えてはいけないのが、手のひらを下に向けたり、身体のほうに向けてしまったりすること。

これでは水をかく力が、前方に向かわないので推進力にならないからだ。効率良く前に進む力を得るためには、手のひらを後ろ側に向くキャッチをすること。そして平泳ぎ独特のかき込むという動作のときも、手のひらは後ろを向いたまま行うことが大事だ。小指から水を捉えること、手のひらは後ろを向けておくこと。この2つのポイントに注意して練習してみよう。

上半期のトレーニング

ねらい 水を捉える感覚を鋭くする

難易度 ★★★☆☆
段階 第3段階

習得できる技能
- ▶ スピード強化
- ▶ 耐乳酸能力強化
- ▶ 持久力強化
- ▶ フォーム
- ▶ フィジカル
- ▶ ターン&タッチ
- ▶ スタート&浮き上がり

Menu 026 キャッチドリルで小指から水を捉える感覚を磨く

やり方 平泳ぎのキャッチ動作だけを繰り返し行うドリル

ストリームラインの姿勢から、キャッチ動作でヒジを立てる瞬間までの動作を行ったら、すぐに手を前に戻すことを繰り返す。平泳ぎのキャッチ動作だけを行うドリルだ。
特に小指から動作を開始することを意識して、ヒジを立てるところまでを繰り返し集中して行おう。小指の使い方、ヒジを立てて腕全体で水を捉える感覚を鋭くすることができる。下半身が沈んでしまうので、プルブイを挟んで行うと良いだろう。

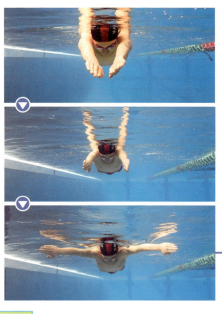
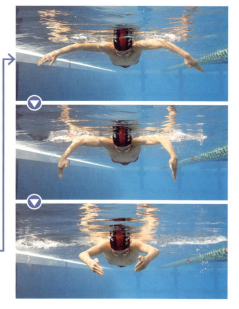

? なぜ必要?

キャッチだけに集中すれば小指の感覚もつかみやすい

キャッチ動作だけに集中できるので、小指の感覚を研ぎ澄ませて練習ができる。キャッチのなかでも小指を使う感覚は非常に繊細なので、できるだけそこだけに集中して練習できるドリルを活用することが大切だ。

上半期のトレーニング

道具を使って泳ぎの
バランスを整える

ねらい

難易度 ★★★☆☆
段階 第3段階

習得できる技能
▶ スピード強化
▶ 耐乳酸能力強化
▶ 持久力強化
▶ フォーム
▶ フィジカル
▶ ターン＆タッチ
▶ スタート＆浮き上がり

Menu 027 シュノーケルを使って左右の
バランスと水を後ろに押す感覚を養う

やり方 ▶ シュノーケルとプルブイをつけて
頭を上げずに平泳ぎのプル動作を行う

キャッチからかき込んでくるところまでで、しっかりと水を後ろに押して"前"に進む感覚を養うドリル。まずはシュノーケルとプルブイをつけて、水中でフラットな姿勢がとれるようにする。その状態のまま、身体が上下しないようにしながら、キャッチから水をかき込む動作までを繰り返し水中で行う。身体が上下してしまうと、それはキャッチで水を下方向に押している証拠。前に進むためには、水を後ろに押さなければならない。その感覚をこのドリルで身につけていこう。

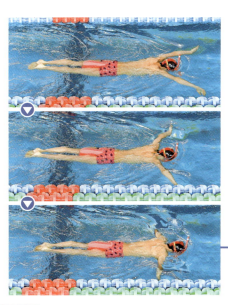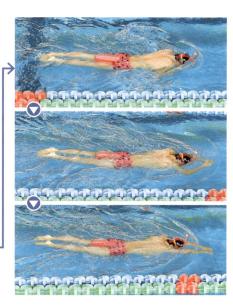

? なぜ必要?

水を後ろに押す感覚もシュノーケルを使うと分かりやすい

コンビネーションで毎回身体を起こす平泳ぎは、水を後ろに押せているかどうかが分からなくなりやすい。このシュノーケルドリルを行うと水を後ろに押さないと進まないので、自分が本当に後ろに水を押すストロークができているかどうかを確認もできるのだ。

45

上半期のトレーニング

調子とスピードを上げる練習メニュー＆バタフライのリズムを作るキックを覚える

(ねらい)

Menu 028　試合期・ショートグループメニュー＆バタフライはキックで泳ぎのリズムを作る

難易度 ★★☆☆☆
時間 2時間

習得できる技能
- ▶ スピード強化
- ▶ 耐乳酸能力強化
- ▶ 持久力強化
- ▶ ストローク＆キック
- ▶ フィジカル
- ▶ ターン＆タッチ
- ▶ スタート＆浮き上がり

上半期・試合期 (大会直前・大会中)	ショートグループ(50〜100m)	練習量★　　練習強度★★
KICK	①50×8(1:30) 1〜4tDes、5〜8tE-H/1t ②100×3(2:30)、25×8(1:00) Speed Play ③25×12(50) 1〜8tDes、9〜12tE-H/1t ④25×2 Dive、15×2 Dive	練習量は少ないが、すべてをゆっくり行うのではなく、身体に刺激を入れるためにもスピード練習も必ず取り入れること（①・②・③）。サイクルは全体的に長くてOK。潜水HardやDiveのキックも、スピードを高めるための練習としてオススメ。（④）。フィンなどの道具を使用する場合は強度が上がるので、量や本数は少なくてOK。
PULL	①50×8(1:20) 1〜4tDes ②100×3(2:15)、25×8(50) Speed Play ③25×12(50) 1〜8tDes、9〜12tE-H/1t ④50×8(1:30) 1tH-E/25、2tE-H/25、3tEasy、4tHard	Pullで水を捉える感覚を重視すること。特にキャッチを意識することが大切だ。Hardでは、腕の回転をしっかり上げておくと試合でも泳ぎのテンポを上げられるようになる。パドルなどの道具を使用する場合は、こちらも強度が上がるので量を減らして行おう。
SWIM	①100×4(2:20)、25×8×2(50) 1sDes 2sE-H/1t rest(1:00) ②50×8(1:30) Speed Play ③25×12(50) 1〜8tDes、9〜12tE-H/1t ④25×2 Dive、15×2 Dive	Hardはしっかりとスピードを上げる必要があるが、カンで無理にスピードを上げることはレースにつながらない。練習タイムをあまり気にしすぎないようにして、それよりも泳ぎの感覚を重視し、良い感覚を持って練習していくことが大切である。
TOTAL・ 陸トレ	TOTAL距離は1500〜2000m程度。陸上トレーニングは、この時期であれば筋力を維持するための補強運動で十分。TRXは使用してもOK。ウエイトトレーニングは、特に行う必要はないだろう。栄養の補給では、試合でエネルギーになるのは炭水化物なので、炭水化物の摂取を十分に行うことがポイント。緊張からストレスもかかる時期なので、ビタミンCを多く摂って身体の調子を整えよう。睡眠も十分にとること。ショートグループは、短い距離、短い時間で全力を発揮する場面が多くなるため、多種目に出場する選手は疲労も大きい。大会中はトレーナーによるマッサージやストレッチが効果的。大会中は、クエン酸の摂取も心掛けておくとレースの間の疲労回復に役立つ。		
全体解説	調子を上げることを第一に考え、大会前に疲労が残っている場合は疲労をとることに専念しよう。ショートグループの選手があまりにも調子が上がらないときは、思い切って2日間続けて休息日を入れても良いくらい。焦って調子を上げようとすると、それがムダな力みにつながり、さらに疲労が蓄積してしまう可能性がある。フォームやドリル練習を多めに入れて、泳ぎの感覚を研ぎ澄ますことを重点的に行おう。スタートや浮き上がりなどは、試合前に最終チェックを行っておくと良い。大会前の休息のとり方をよく考え、精神的にリラックスするように心掛けて生活しよう。特にショートグループは高い集中力を必要とするため、大会が近づくにつれてレースに対する集中力を高めることに専念し、雑念を払うことが結果を残すための重要なポイントにもなるのだ。		

Speed Play…各自の調子に合わせてスピードをあげること。調子の確認で行うことが多い。
雑念…ライバルのこと、結果を気にしすぎること、レース展開のことなど。

〈練習メニューの組み方例〉
メニューを自分で組んでみよう

Kick	④25m×2回　Dive、 15m×2回　Dive
Pull	③25m×12回(50) 1〜8回までDes、 9〜12回 E-H/1回ずつ
Swim	①100m×4回(2:20)、25m×8回× 2セット目 E-H/1回ずつ セットrest(1:00)

解説

キックは身体に刺激を入れるために、短い距離で一気にスピードを上げるメニューを入れよう。プルは水を捉える感覚を重視しつつ、泳ぎのテンポを上げておくと試合でもテンポが上がりやすくなる。スイムはタイムをあまり意識しないで、良い泳ぎ、良い感覚を維持してスピードを上げられるようにすることを意識することが大事。試合が続く時期には、練習量が少なくても、短い距離で全力を出し切るメニューを組み込んでいくことが調子を上げるコツだ。

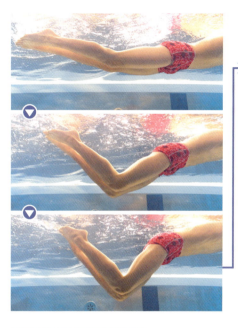 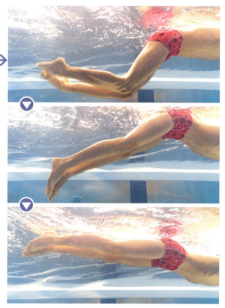

⚠ フォームのポイント
ヒザを曲げすぎずうねり過ぎず両脚で水をしっかり後ろに押し出す

両脚を同時に動かすバタフライのキックで大切なのは、うねりすぎないこと、ヒザを曲げすぎないことのふたつ。

上半身までうねってしまうと、せっかく得た推進力が逃げてしまう。上半身はフラットな姿勢を維持しつつ、腰の力を足先に伝えるように意識して、腰から脚を動かす意識を持とう。腰、脚の付け根、太もも、ヒザ、足先の順番で動いていくようなイメージだ。

また、蹴り上げるときにヒザを曲げてしまうと、推進力を生むどころか大きな抵抗を生み出してしまう。背泳ぎと同じような意識で、ヒザの裏から脚を持ち上げるような意識を持つと次のキックが打ちやすいかたちで蹴り上げ動作を行うことができる。

また、できるだけ足の親指は離さずに打とう。ヒザが開きすぎてもダメだが、蹴り下ろしの際には多少開いてもOK。反対に、蹴り上げのときにはお尻も締めて、脚を揃えるようにしてヒザを閉じて行うと良い。

上半期のトレーニング

腰の力を足先に伝える感覚を磨く

ねらい

難易度	★★☆☆☆
段階	第2段階

習得できる技能
- ▶ スピード強化
- ▶ 耐乳酸能力強化
- ▶ 持久力強化
- ▶ フォーム
- ▶ フィジカル
- ▶ ターン&タッチ
- ▶ スタート&浮き上がり

Menu 029 水面キックドリルでうねりを抑えたキックをマスターする

やり方 ▶ ストリームラインの姿勢をとり水面でバタフライキックを打つ

うねりを抑えてキックを打つことが、バタフライキックで高い推進力を得るための大きなポイントだ。そのための良い練習が、水面キックドリルだ。ストリームラインの姿勢をとり、水面でバタフライキックを打つだけ。水面でキックを打ったとき、うねりが大きいと全然進まなくなってしまう。上半身の上下動を抑え、腰から足先までを使ってキックが打てると進むようになる。

最初はゆっくりでも良いので、上半身が動かないように意識して、腰からキックを打つ感覚を磨いていこう。慣れてきたら、徐々にキックのテンポを上げて練習してみよう。

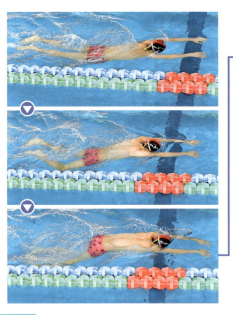
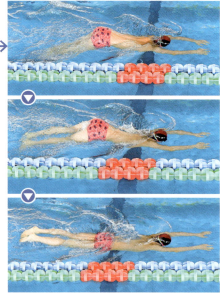

? なぜ必要?

力強いキックを良い姿勢で打つ感覚を磨ける

キックで効率良く推進力を得るためには、上半身の上下動が少ないことが最も大切なポイントになる。その感覚と、キックの動作を覚えるのに最適なドリルなのだ。

上半期のトレーニング

道具を使って良い感覚を身体に覚え込ませる

ねらい

Menu 030 フィンをつけて良いキックを打つ感覚に慣れる

難易度 ★★☆☆☆
段階 第2段階

習得できる技能
▶ スピード強化
▶ 耐乳酸能力強化
▶ 持久力強化
▶ フォーム
▶ フィジカル
▶ ターン&タッチ
▶ スタート&浮き上がり

やり方　フィンをつけてキックを打つ

素足でキックを行うよりも、フィンをつけてキックを打ったほうが、少ない力で高い推進力を得られる。キックの動きだけに集中してキックを打っても進むので、フィンキックは良い感覚、良い動作で行うキックを身体に覚え込ませることができるのだ。

Menu029で紹介した水面キックもフィンをつけて行うと、小さな動きでしっかりと進むので、上半身をフラットに維持して打つキックの感覚がさらにつかみやすくなるので、フィンはどんどん活用していこう。

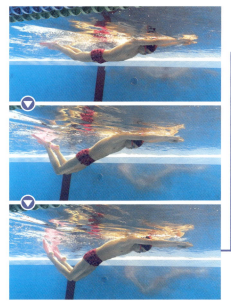
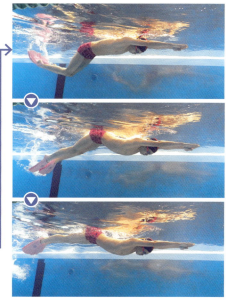

？ なぜ必要？

進む良いキックの感覚を養うために道具を使う

フィンをつけると動きだけに集中してキックを打っても高い推進力を得られるので、動作のみに集中して練習がしやすくなる。キックだけではなく、コンビネーションでもフィンを活用すると良い泳ぎの練習になる。

上半期のトレーニング

フォームを崩さずスピードを高める練習メニュー＆
水をしっかり捉えるバタフライのキャッチ

Menu 031 試合期・ミドルグループメニュー＆
バタフライのリズムを決めるキャッチの仕方

難易度 ★★☆☆☆
時間 2時間

習得できる技能
- ▶ スピード強化
- ▶ 耐乳酸能力強化
- ▶ 持久力強化
- ▶ ストローク＆キック
- ▶ フィジカル
- ▶ ターン＆タッチ
- ▶ スタート＆浮き上がり

上半期・試合期（大会直前・大会中）	ミドルグループ（100～200m）	練習量★★　練習強度★★
KICK	①100×4（2:30）奇数Even　偶数E-H/25 ②50×8（1:15）Speed　Play ③25×12（50）1～8tDes1～4t, 9～12tE-H/1t ④50×8（1:20）奇数15msprint　偶数Even	ショートグループと同様で、練習量は少ないが、すべてをゆっくり行うのではなく、スピード練習も取り入れること（①・②・③・④）。サイクルは全体的に長めでOK。フィンなどの道具を使用する場合は、強度が高くなるので量は少なくしてもOK。
PULL	①100×4（2:00）Fr, 50×6（1:20）S1 ②50×8（1:20）S1　Speed　Play ③25×12（50）Fr-S1/1t　S1Des ④50×4（1:10）、25×8（50）S1	調子を整えるための練習をすることが、この時期のPull練習のポイント。Hardは少量でよい。水を捉える感覚を重視すること。
SWIM	①100×6（2:20）奇数Fr　偶数S1-Fr/25 ②50×8（1:20）S1　Speed　Play ③25×12（50）1～8tDes1～4t, 9～12tE-H/1t ④50×8（1:20）S1　奇数15msprint　偶数Even	フォームと調子のチェックを重視して行おう。ショートグループと同様に、変に緊張感を高めすぎないように練習タイムをあまり気にしすぎないようにすることが大切だ。
TOTAL・陸トレ	TOTAL距離は2000～3000m程度。陸上トレーニングは、ショートグループと同様に、筋力を維持するための補強運動で十分である。TRXを使用してもOK。栄養の補給では、試合でエネルギーになるのは炭水化物なので、炭水化物を意識して摂取していこう。緊張からストレスもかかる時期なので、ビタミンCを多く摂って身体の調子を整えよう。睡眠も十分にとること。	
全体解説	基本的にはショートグループと同様の考え方でよい。基本的にミドルグループの選手でも持久力の維持は考えず、スピードを上げることに専念する時期だ。しかし、ミドルグループには100m専門の選手と200m専門の選手がいるため、200mの選手は少し練習量を増やすなど、練習回数にも種目にあわせた工夫が必要になる。すべての種目においてこの時期の最重要課題はフォームの最終チェックだが、そのなかでも平泳ぎの選手はドリル練習を多く入れ、泳ぎの感覚を研ぎ澄ませたり、フォームが崩れないようにしたりすることが大切だ。さらに、レース当日の朝のウォーミングアップでは、水を捉える感覚やフォームなど、自分の泳ぎの最終確認をすること。レースでは前半から積極的に泳ぐことを心掛けて、あとは自分のやってきたことを信じて全力を出し切ろう。	

〈練習メニューの組み方例〉
メニューを自分で組んでみよう

Kick	①100m×4回（2:30）奇数Even 偶数E-H/25m
Pull	④50m×4回（1:10）、 25m×8回（50）S1
Swim	②50m×8回（1:20）S1 Speed　Play

解説

ショートグループと同様に、スピードを高めることを主な目的にしてメニューを組んでいこう。キックのハードで刺激を入れて、プルではキャッチの感覚とテンポを確認する。スイムでは、全体のフォームの確認を行いながらスピードを高めていく。ポイントは、試合に出る専門種目のフォームをチェックしてブラッシュアップするために、専門種目で泳ぐ練習を多めに入れること。量が少ないので、専門種目を中心としたメニューでも疲れはたまりにくいので、どんどん取り入れていこう。

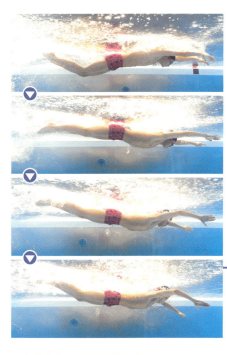
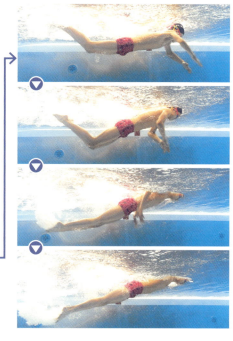

⚠ フォームのポイント

前方に体重移動させた勢いを使ってキャッチで力強く水を捉える

泳ぎの基本のポイントとなるのはキャッチ。ほかの3種目と一緒で、それはバタフライでも変わらない。バタフライの場合は、第1キックと入水のタイミングを合わせて前方に体重移動して、その勢いも利用してキャッチを行うことが大切。そうすることで、たくさんの水を捉え、高い推進力を得るストロークができるようになる。

そして、もちろん小指からキャッチ動作を行おう。平泳ぎほど手を広げることはないが、入水したあと、少しだけ手を外側に広げ、そこから小指を意識してキャッチする。小指を意識すれば、キャッチ動作でヒジが立ちやすくなり、前腕も使って水を大きく捉えることができるようになる。

上半期のトレーニング

前に進むための泳ぎのタイミングを学ぶ

ねらい

Menu **032** キャッチドリルで第1キックからのキャッチのタイミングを覚える

難易度 ★★☆☆☆
段階 第3段階

習得できる技能
▶ スピード強化
▶ 耐乳酸能力強化
▶ 持久力強化
▶ フォーム
▶ フィジカル
▶ ターン&タッチ
▶ スタート&浮き上がり

やり方　第1キックを打って前に伸びてからキャッチ動作だけを行う

バタフライで大切なのは、泳ぎのリズムをキックで作ること。そのため、入水からキャッチのタイミングで打つ第1キック、フィニッシュ動作のときに打つ第2キックの、このふたつのキックとストロークのタイミングを合わせることが非常に重要になる。そこでまずは、第1キックを打って前方に体重移動をしたタイミングでキャッチする感覚を覚えていこう。ストリームラインの姿勢からキックを打って、前に伸びながらキャッチでヒジを立てるところまで行ったら、水中で手を前に戻す。前方への体重移動からのキャッチ動作、というタイミングを身体に覚え込ませよう。

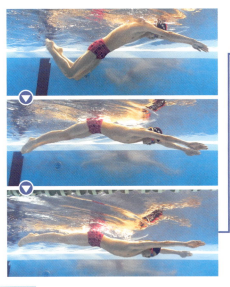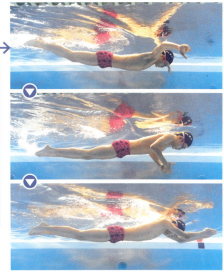

? なぜ必要?

体重移動の感覚を覚えるのに最適なドリル

前方への体重移動をしてからキャッチを行う、というタイミングがずれると、泳ぎ全体のリズムが崩れてしまう。だからこそ、まずは第1キックとキャッチのタイミングをしっかりと合わせておくことが大切なのだ。

上半期のトレーニング

高い推進力を生み出すタイミングを覚える

ねらい

難易度 ★★☆☆☆
段階 第3段階

習得できる技能
- ▶ スピード強化
- ▶ 耐乳酸能力強化
- ▶ 持久力強化
- ▶ フォーム
- ▶ フィジカル
- ▶ ターン&タッチ
- ▶ スタート&浮き上がり

Menu 033 フィニッシュ動作と第2キックのタイミングを覚えるフィニッシュドリル

やり方 フィニッシュ動作と第2キックだけを行う

第2キックとフィニッシュ動作のタイミングを合わせると、力強く前に飛び出すことができる。そうすると、リカバリーもその勢いで行えるので楽に、スムーズな泳ぎにつながる。
練習方法は、第2キックとフィニッシュ動作だけを繰り返し行うという簡単なもの。脇を締めて、ヒジから先だけを使って水を後ろに押しながらキックを打つ。腕が伸びてキックを打ち終わったら、またヒジを曲げて手を身体の下に持っていく。これを繰り返すだけ。
手で水を後ろに押し出す力と、キックを打つ力を掛け合わせて前にグンと進む感覚をこのドリルで養おう。

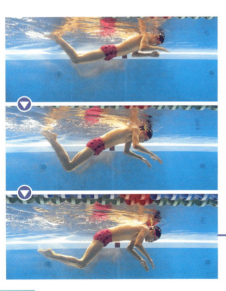
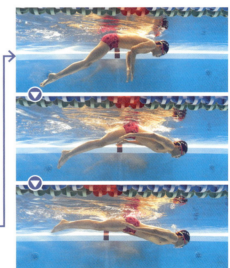

❓ なぜ必要？

フォームが崩れやすいタイミングだから徹底的に練習する

バタフライは、泳ぐだけでも体力が必要な泳法。タイミングを合わせるためにコンビネーションを行うと、非常に疲れてフォームが崩れてしまう恐れがある。だからこそ、ポイントを絞って、特に重要なキックとストロークのタイミングに特化したドリルが効果的なのだ。

上半期のトレーニング

持久力を維持しながらレースペースを養う練習メニュー&バタフライの呼吸を覚える

Menu 034 試合期・ロンググループメニュー&フラットな姿勢を保てるバタフライの呼吸法

難易度 ★★☆☆☆
時間 2時間

習得できる技能
- ▷ スピード強化
- ▷ 耐乳酸能力強化
- ▶ 持久力強化
- ▶ ストローク&キック
- ▷ フィジカル
- ▷ ターン&タッチ
- ▷ スタート&浮き上がり

上半期・試合期 (大会直前・大会中)	ロンググループ（400〜1500mの長距離が専門）	練習量★★　練習強度★
KICK	①200×4 (3:50) S1　sn使用可 ②100×8 (2:20) S1 ③50×12 (1:10) Speed　Play ④200×2 (3:40)、100×4 (2:20) S1	持久力の維持と調子を整える練習である。それほど練習強度を上げることなく、一定のペースで泳ぐことを心掛けよう。
PULL	①400×2 (6:00) S1　sn使用可 ②200×4 (3:00) S1 ③100×8 (1:45) S1　Des/2t ④100×6 (2:00) Fly-Ba-Fr/2t	持久力の維持を図ることが目的の練習。基本的には一定のペースで泳ぐ。④は種目を混ぜて行うIM選手用のメニュー。
SWIM	①100×8 (1:40) ②100×4×2 (1:50)　rest (1:00) ③50×16 (1:00)　Des/4t ④100×8 (2:00)　1〜3t (SW/50) 1t　4tFr	自分のレースを想定して、レースの泳ぎに近づけて泳ぐ。記録はそれほど意識する必要はない。自分の泳ぎの良い感覚を重視して、ペースを落とさないようにして行おう。
TOTAL・陸トレ	TOTAL距離は3000〜4000m程度にしよう。陸上トレーニングは、ショート・ミドルグループと同様に筋力を維持するための補強運動で十分。栄養の補給では、試合でのエネルギーになる炭水化物の摂取を十分に行うこと。試合に対する緊張からストレスもかかる時期なので、ビタミンCを多く摂り、睡眠も十分にとるように気をつけよう。	
全体解説	ロンググループは試合に必要な持久力を維持する練習距離を最後まで保つことが大事。ロンググループの選手は休息日を入れると、かえって泳ぎの感覚が悪くなる場合がある。そこで、静的な休みをとることより、軽く泳ぐことで良い感覚を維持できる場合もあるので、休息日のとり方を自分なりに工夫してみよう。ロンググループはショートやミドルの選手よりもレース展開が重要である。ベストタイムを出し、ライバルに勝つためにどのような作戦で攻めるか、予選と決勝の泳ぎ方や戦略もあわせて考えながら練習していこう。	

〈練習メニューの組み方例〉
メニューを自分で組んでみよう

Kick	③50m×12回（1:10）
	Speed　Play
Pull	②200m×4回（3:00）S1
Swim	①100m×8回（1:40）

解説

キックのスピードプレイで身体の調子を確認しつつ、プルでは200mではしっかり水が捉えられているかどうかを確認しながら行おう。スイムは、試合で泳ぐ100mごとのペース（ラップタイム）を意識して、キックで確かめた身体の調子、プルでの水の感覚を生かしながら8回タイムを揃えて泳ごう。

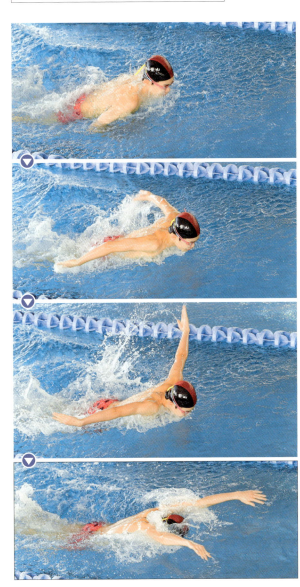

！ポイント

バタフライの呼吸は顔を遅く上げて、速く戻す!

バタフライの呼吸でいちばん注意したいのは、アゴを上げすぎて、呼吸動作で腰が反ってしまうこと。前面からの水の抵抗が大きくなるだけではなく、前に進むための推進力も半減してしまう。顔は水面近くをキープして、フラットな姿勢を意識して呼吸しよう。コツは、第2キックとフィニッシュ動作に合わせて、顔を少しだけ前に向けつつ呼吸して、息を吸ったらできるだけ素早く戻すこと。顔を戻すときに、頭を突っ込みすぎないように注意しよう。

呼吸時に前を見るとアゴが上がってしまうので、目線は斜め下を見るようにしておくと、アゴが上がりすぎない。水面を滑らせるようなイメージを持っておくと、フラットな姿勢を維持したまま呼吸動作ができるようになる。

上半期のトレーニング

ストロークのタイミングを
マスターする

ねらい

Menu 035　水中リカバリードリルで
泳ぎのタイミングを通して覚える

難易度 ★★☆☆☆
段階　第4段階

習得できる技能
▶ スピード強化
▶ 耐乳酸能力強化
▶ 持久力強化
▶ フォーム
▶ フィジカル
▶ ターン＆タッチ
▶ スタート＆浮き上がり

やり方　リカバリー動作を水中で行い
キックとストロークのタイミングに集中する

第1キックと入水からキャッチ、第2キックとフィニッシュのタイミングをそれぞれ別々に練習したら、今度はそれを掛け合わせて練習してみよう。それが水中リカバリードリルだ。

まずは第1キックを打って前方に体重移動したらすぐキャッチ。そこからフィニッシュ動作と第2キックを合わせて気をつけの姿勢のまま進む。その状態を少しだけキープしたら、手をゆっくり水中で前に戻す。

ポイントは、キックが主導で腕の動作を合わせるリズムで行うこと。キャッチ動作、フィニッシュ動作にキックを合わせるのではなく、ドン、ドン、と2回打つキックのリズムに合わせて、キャッチ、フィニッシュ動作を行うような意識で行おう。

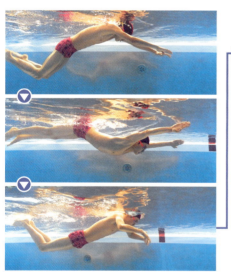
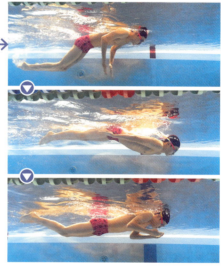

？なぜ必要？

楽に泳げるからタイミングに集中して練習できる

リカバリー動作をなくすことだけでも、バタフライはとても楽に泳ぐことができる。だからこそ、キックとストロークのタイミングに集中して練習できる。

上半期のトレーニング

学んできたタイミングをコンビネーションに生かす

ねらい

Menu 036 片手スイムで感覚をコンビネーションに近づけていこう

難易度 ★★☆☆☆
段階 第4段階

習得できる技能
- スピード強化
▶ 耐乳酸能力強化
▶ 持久力強化
▶ フォーム
- フィジカル
- ターン&タッチ
- スタート&浮き上がり

やり方 ▶ 片ほうの腕を前に伸ばしたままもう片ほうの腕だけでバタフライを泳ぐ

オーソドックスな片手ドリルのバタフライバージョン。片ほうの腕は前方に伸ばしたままキープしておき、もう片ほうの腕だけでストロークを行う。ポイントは、もちろん第1キック、第2キックとストロークのタイミングを合わせること。ここに集中して練習しよう。

練習したいポイントはタイミングなので、呼吸動作は横向きでもOK。

水中リカバリーよりも動作がコンビネーションに近くなるので、泳ぎの感覚を徐々にコンビネーションに近づけられるのも、このドリルの特徴だ。

また、左右差を感じるようなら、左右のバランスを整えることも忘れずに行うと良い。たとえば右手のときのほうが進みやすいとか、キックとのタイミングが合うなら、左手をその感覚に近づけるよう練習していこう。

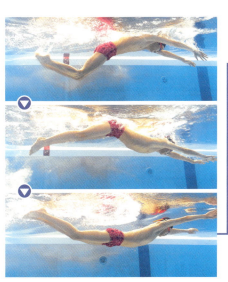
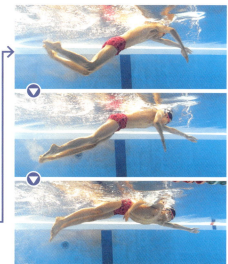

? なぜ必要？

タイミングだけではなく左右差も感じ取ろう

両手両脚を同時に動かすバタフライは、平泳ぎと同様に左右のバランスも大事。キックとストロークのタイミングに集中できるだけではなく、左右差のチェックにも片手スイムは活用できる。

column 1 キックとスタミナ強化は必須 練習に対する日大豊山の流儀

　日大豊山の伝統として、大切にしている練習の流儀があります。まずはキックとスタミナを強化すること。前半のスピードを高めたり、後半の競り合いの場面でもキックの強さはとても影響します。日大豊山では、朝練習のすべてをキック練習にすることもあるくらいです。また、スタミナは、積極的なレースをして前半からリードしても、最後まで粘れる体力です。そして、キックとスタミナをベースとした体力に、技術を乗せていきます。
　「体力」・「技術」・「精神力」を組み合わせてレースを展開するわけですが、この3つでどれが最も重要か、という質問を選手にすると、だいたい「技術」か「精神力」という答えが返ってきます。ですが、本当に大切なのは体力なのです。根本的な体力がなければ、良いフォームという技術だけでは強くなれません。ましてレースは、体力も技術もないのに精神力だけでどうにかなるものでもありません。技術も精神力も、体力があってはじめて試合で生きるものなのです。
　体力をつける練習というのは、大変厳しいものです。何もしなければ体力は落ちる一方ですから、常に練習を継続していかなければなりません。そして、体力がついたと目に見えて実感したり体感できたりするほどになるためには、長い期間に渡る日々の積み重ねを必要とします。
　ですが、最後までもつ持久力と、後半に強いキックが打てるようになれば、自信を持って前半から積極的なレースをすることができます。試合の戦略においても、体力は大切な要素なのです。
　やはり、試合の結果は練習の成果なのです。練習を前向きに取り組んでいれば結果は出ますし、反対に練習をサボったり手を抜いたりしていたら、それも結果に表れます。当然、日々の練習は厳しいものになりますが、それに耐えてこそ、はじめて競争に勝つことができるのです。

第2章
下半期のトレーニング

春の大きな大会を終えたあと、
夏のシーズンまでを下半期と考えてスケジュールを組んでみよう。
メニューとともにフォームのポイントを抑えつつ
ドリルで泳ぎを整えていこう。

下半期のトレーニング

上半期に上積みして練習強度を上げる練習メニュー&バタフライのコンビネーションをブラッシュアップ

Menu 037 量的強化期・ショートグループメニュー&コンビネーションのなかで磨くバタフライのタイミング

難易度 ★★★☆☆
時間 2時間

習得できる技能
▶ スピード強化
▶ 耐乳酸能力強化
▶ 持久力強化
▶ ストローク&キック
▶ フィジカル
▶ ターン&タッチ
▶ スタート&浮き上がり

下半期・量的強化期 (4・5月)	ショートグループ (50〜100m)		練習量★★★　練習強度★★★★
KICK	①400×2 (7:00) Ba or S1 sn、 50×8 (1:20) 1〜4tDes　5〜8tE-H/1t		キックの持久力を取り戻しつつ、耐乳酸能力を向上させることが主な目的。冬場よりも練習量は多くする（①・②・③）か、練習強度を高めて（①〜④）行うことがポイント。1本毎の距離を伸ばしたり、サイクルを長めに設定しておこう。スピード練習も欠かさず入れることが大切。④のように、道具を使用するとさらに練習強度が上がるので、積極的に使っていこう。
	②200×4 (3:30) Ba、50×8 (1:30) Hard		
	③100×12 1〜8t (2:00) Des/2t　9〜12t (2:30) E-H/1t		
	④50×12 (1:10) Des1〜4t、 25×6 (1:00) E-H/1t　Fin		
PULL	①400×2 (6:00) S1　25mHard75msmooth、 50×8 (1:20) S1　2H1E　Pad		持久力の回復および向上を図る。上半期と同じ練習量でもサイクルを短くしたり（②）、Hardを増やして練習強度を上げたり（①・②・③）することがコツ。④のようにサイクルを徐々に長くしていくのもひとつの方法だし、パドルを使用して練習強度を上げる方法もある。
	②200×6 (2:45) S1		
	③50×4×4　(1:00) (1:10) (1:20) (1:30) / 1s S1　Des/1s　rest (1:00)		
	④50×8 (1:20) Fly-Br/4t、25×12 (1:00) E-H/1t Pad		
SWIM	①200×5 (2:40) S1、 50×12 (1:10) 1〜4tDes/4t　5〜12tE-H/1t		一定のスピードで泳ぐことで持久力の向上を図る練習（①）と、練習強度を上げるためにサイクルを長くする練習（②）、E-Hで1本毎に集中する練習（①・③）を組み合わせる。こうすることで、持久力を効果的に高められる。④のようにDive練習を入れてスタート技術の感覚を忘れないようにする練習も、ショートグループでは特に大切にしておきたい。
	②100×4×3 (1:30) (2:00) (2:30) / 1s　Des/1s　rest (1:30)		
	③50×8×3 (50) (1:10) (1:30) / 1s　1sEven　2sDes/2t　3sE-H/1t		
	④200×3 (2:45)、100×4 (2:00)、 50×4 (1:00) Des/1s、25×4　Dive		
TOTAL・陸トレ	TOTAL距離は、5000〜6000m程度。陸上トレーニングは、ウエイトトレーニングを中心とし、週に3・4回程度行う。3月や4月上旬の試合に向けて調整をした場合、この時期には冬場よりも筋力が低下していることが考えられるため、筋力を再度取り戻すとともに、上半期よりもさらに高重量で行い、筋肥大を目的に取り組むことが目標となる。年齢が上がるにつれて、質の高いウエイトトレーニングを行っていこう。TRXを使用して、体幹を中心とした補強運動を行うことも大事なポイント。また、メディシンボールを使用して最大パワー付近での動作スピードを重視したトレーニングも週に1・2回行っておこう。栄養補給は、筋力アップに役立つタンパク質や鉄分の摂取を多めに心掛けること。		
全体解説	練習量はさほど多くなくても良いが、練習強度は高めに設定しよう。基本的には冬場の量的強化期と同じ考え方ではあるが、上半期に積み上げた基礎ができている分、さらに練習量を増やしたり、練習強度をより上げることができるようになっているはず。サイクルが同じでも速いタイムで泳いだり、同じタイムで練習量を増やしたりすることができるだろう。長水路の試合も始まる時期であり、長水路で練習できる環境にあるなら、ショートグループの選手にとっては短水路から長水路の練習になるだけでも、十分に体力アップのトレーニングになる。Kick・Pull・Swimでそれぞれ練習量が多く、練習強度が高いと疲労が過度に蓄積する可能性があるので、バランスを考えて組み合わせること。長水路ではサイクルを+10〜20秒にしておくと良い。		

〈練習メニューの組み方例〉
メニューを自分で組んでみよう

```
Kick  ①400m×2回(7:00)Ba or
      S1 sn、50m×8回(1:20)
      1～4回はDes 5～8回はE-H/1回ずつ
Pull  ②200m×6回(2:45)S1
Swim  ④200m×3回(2:45)、100m×4回(2:00)、
      50m×4回(1:00)Des、25m×4回　Dive
```

解説

ショートグループでも、この時期は再度長い距離も織り交ぜて持久力を高めつつ、スピード能力を失わない練習を組むと良い。キックとプルで長めの距離を入れたら、スイムは短い距離のスピード練習を組む。もちろん、キックとプルは短めにして、スイムで長めの距離を入れるという逆の方法をとってもOKだ。

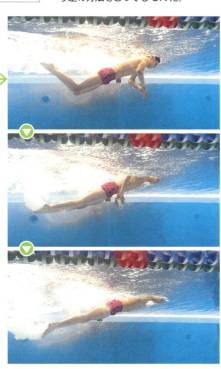

！ フォームのポイント
バタフライの泳ぎのタイミングを確実に抑えておこう

第1キックと第2キックを打つタイミングが、バタフライを泳ぐうえで最も重要なポイントになることは、先に説明した通り。大切なのは、入水すると同時に第1キックを打ち、前方に体重移動をすること。そして第2キックとフィニッシュ動作のタイミングを合わせて前方に飛び出すような勢いをつけること。

特に第1キックのタイミングを合わせることが、コンビネーションのなかで非常に大切だ。ここが合うか合わないかで、全体の泳ぎのタイミングが合うか合わないかにつながる。

まずは第1キックのタイミングを入水に合わせることを考えよう。ここで前方に体重移動して、ぐっと前に進めると次のキャッチで力強く水を捉えられ、ストロークで高い推進力を得ることができるようになるのだ。

下半期のトレーニング

ストロークとキックのタイミングだけに集中して練習する

ねらい

Menu 038 4K1Pと3K1Pを使って落ち着いてタイミングを合わせる

難易度 ★★★☆☆
段階 第4段階

習得できる技能
▶ スピード強化
▶ 無乳酸能力強化
▶ 持久力強化
▶ フォーム
▶ フィジカル
▶ ターン&タッチ
▶ スタート&浮き上がり

やり方　4回キックを打つ間に1回ストロークを入れる

1、2と水面でキックを2回打ったら、3回目でグッと前に伸びて体重移動。3回目が第1キックと同じ役目をするので、このキックを打ったらキャッチをし始めて、4回目のキックが第2キックの役目になる。ここでフィニッシュ動作を行おう。フィニッシュが終わったら気をつけの姿勢のまま少し静止しておき、ゆっくりとリカバリー動作を行って手を前に戻す。そしてまた水面キックを2回打って……を繰り返すドリルだ。

ストロークを行う間に、2回キックを打つ時間を作ることで、落ち着いてコンビネーションのタイミングに集中して練習できる。3K1Pは、1回水面でキックを打ってから、2回目のキックで前方に体重移動からキャッチを行い、3回目のキックでフィニッシュ動作を行う。間に挟むキックの回数を1回にすることで、4K1Pよりもコンビネーションに近い感覚で練習することができる。

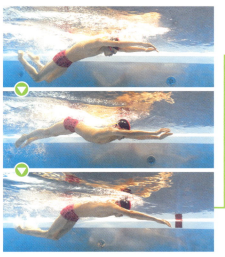 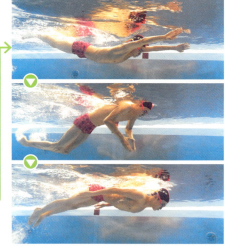

? なぜ必要?

タイミングだけを考えて練習しよう

間にキックを挟んで、落ち着いてタイミングだけに集中することが、このドリルのポイント。スピードよりもタイミングを重視して行おう。

下半期のトレーニング

体感スピードを上げて良い感覚を覚える

難易度 ★★★☆☆
段階 第4段階

習得できる技能
▶ スピード強化
▶ 耐乳酸能力強化
▶ 持久力強化
▶ フォーム
▶ フィジカル
▶ ターン＆タッチ
▶ スタート＆浮き上がり

Menu 039 フィンスイムで良いフォームを体感する

やり方 ▶ フィンを使ってコンビネーションを泳ぐ

フィンを活用して普段よりも高い推進力を得ることで、フィンを使わないで泳いだときよりも良い泳ぎができる。そのため、良いフォームの感覚を身体に覚え込ませることができるのが、このフィンスイムというドリルだ。

やり方はフィンを使って、バタフライのコンビネーションを泳ぐだけだが、できればスピードを上げて行おう。ゆっくり泳ぐのではなく、自分がフィンを使わずに泳ぐスピードを超える速さで練習することが、フィンスイムの目的だからだ。

特に第1キックでの体重移動、そして第2キックで飛び出すようにフィニッシュとのタイミングを合わせること。この2点に注意しながら行おう。

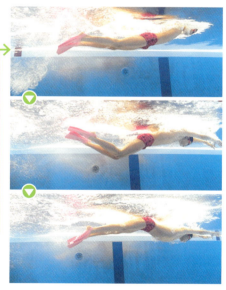

? なぜ必要？

スピードを上げると悪いところも分かりやすくなる

自分の限界以上のスピードを体感することで、水の抵抗を受けている場所も分かりやすくなる。そうすれば、普通に泳いでいては気づかなかった修正点にも気づくことができる。

下半期のトレーニング

失われた持久力を取り戻す練習メニュー＆バタフライのスタートから浮き上がりのコツ

Menu 040　量的強化期・ミドルグループメニュー＆力強く飛び出すスタートのポイント

難易度 ★★★★☆
時間 2時間

習得できる技能
- ▶ スピード強化
- ▶ 耐乳酸能力強化
- ▶ 持久力強化
- ▶ ストローク＆キック
- ▶ フィジカル
- ▶ ターン＆タッチ
- ▶ スタート＆浮き上がり

下半期・量的強化期（4・5月）	ミドルグループ（100〜200m）	練習量★★★★　練習強度★★★
KICK	①400×4（7:00）Ba or S1　sn、 　100×6（2:00）S1　1〜3tHard 4〜6tE-H/1t ②200×3×3（3:20）（3:00）（2:50）/ 　1s　Des/1s　rest（1:00） ③100×16　2t（1:50）　1t（1:30）Ba or S1 ④400×3（7:00）、200×4（3:15）、 　100×6（1:40）、50×4（1:30）Des/1s	上半期よりも練習量を増やし（①・②・④）、練習強度も上げて（①・③）行おう。S1でサイクルに間に合わなければ、Baを取り入れてもOK。E-Hやサイクルを長くすることで練習強度を上げても良い（①・④）。
PULL	①800×2（11:00）Fr　sn、 　50×12（1:10）S1　1〜4tDes/4t　5〜8tHard ②200×8（3:00）　S1　Des/2t ③100×20（1:40）S1-Fr/4t　Des1〜4t ④200×5（2:40）Fr、 　50×20（1:10）S1　Des/4t	FrとS1を組み合わせて練習量を増やそう（①・③）。②は200m専門選手用であるが、100m専門選手はS1-Fr/1本でもOK。個人メドレーの選手はFlyやBaを増やすのがコツ。Brの選手はFlyやFrで取り組み、50mのHardはS1で行う。
SWIM	①200×4×3（2:40）（3:00）（3:20）/ 　1s　S1　Des/1s　rest（1:00） ②100×8（1:20）、100×6（1:40）、 　100×4（2:00）、100×2（2:20）S1　Des/s ③50×12（50）、100×8（1:45）、 　200×4（3:20）S1 Des/1s rest（1:00） ④400×5（6:00）　S1　Des、 　25×8（1:00）S1　Hard	上半期より練習量が多く、練習強度も上がる。基本的にはすべてS1で行うが、サイクルが短いところが厳しすぎるのであれば、Frを混ぜてもOKだ。サイクルを伸ばして練習強度を上げる練習（①・②）や、距離を長くする練習（③）も、この時期に取り組むと良い。④は上半期と同じ練習であるが、あえて同じ練習をすることで、どれだけ冬場の量的強化期から力がついたかを確認できる。
TOTAL・陸トレ	TOTAL 距離は、6000〜8000m程度。陸上トレーニングは、ウエイトトレーニングを中心とし、週に2・3回程度行う。基本的にはショートグループと同様の考え方でトレーニングを進めるが、ミドルグループはショートグループに比べてウエイトトレーニングの回数や量は少なくてもOK。TRXやメディシンボールを使用したトレーニングも週に2・3回行う。栄養補給に関してもショートグループと同様に、タンパク質と鉄分を意識的に摂取していこう。	
全体解説	練習量は多く、練習強度は中程度。ミドルグループの選手は3月や4月上旬の大会に向けて調整をしてきた場合、スピードが上がっている分、持久力が落ちている可能性が高い。失われた持久力を取り戻しつつ、上半期よりも高い練習強度で練習することがこの時期の主な課題だ。特に体力をつける機会となるのは、ゴールデンウィークを利用した強化合宿のタイミング。長水路で実施することができれば、1日2回、練習量が多く、練習強度の高いメニューに取り組み、夏のシーズンへ向けて準備を行っておこう。平泳ぎの選手はドリル練習で泳力を強化することも、良いフォームを維持したまま持久力を高めるのにも効果的だ。	

〈練習メニューの組み方例〉
メニューを自分で組んでみよう

```
Kick  ④400m×3回(7:00)、200m×4回(3:15)、
      100m×6回(1:40)、50m×4回(1:30)
      Des/1セットごと
Pull  ③100m×20回(1:40)S1-Fr/
      4回ごと  Des1～4回ずつ
Swim  ①200m×4回×3セット
      (2:40)(3:00)(3:20)/1セットごと
      S1 Des/1セットごと  セットrest(1:00)
```

解説

試合期を経ることで、ミドルグループの選手にとっては持久力が思った以上に低下している可能性が高い。そこで、再度量的強化期には、持久力強化の練習を多く取り入れよう。そのために、キック、プル、スイムともに長い距離をショートサイクルで行うのがポイント。基本的には専門種目を中心に行いたいところだが、サイクルが短くて厳しいときには、クロールで行ってもOK。

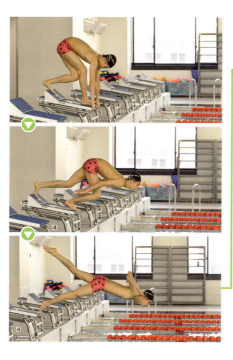
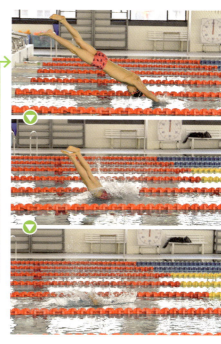

⚠ フォームのポイント
バックプレートを効果的に使って勢いよく飛び出そう

昔と違い、今はほとんどの大会で、スタート台にバックプレートと呼ばれる台が付いている。そのため、脚を前後に開いて構えて飛び出す、クラウチングスタートが主流だ。
このクラウチングスタートのコツは、両脚を同時にスタート台から離さないこと。まずはバックプレートにかけているほうの脚で身体を前に倒し、そのあとでスタート台の前にかけている脚で飛び出す。写真のように左脚が後ろ、右脚が前の状態で構えたならば、左脚が先にスタート台から離れて、次に右脚がスタート台から離れる、という順番で飛び出すのがコツ。
まず最初にバックプレートにかけているほうの後ろ側の脚で、スタート台を力強く蹴ることが、クラウチングスタートで勢いよく飛び出す最大のポイントになるのだ。

下半期のトレーニング

飛び込みの勢いを泳ぎにつなげる術を学ぶ

ねらい

難易度 ★★★★☆
時間 2時間

習得できる技能
- ▶ スピード強化
- ▶ 耐乳酸能力強化
- ▶ 持久力強化
- ▶ フォーム
- ▶ フィジカル
- ▶ ターン&タッチ
- ▶ スタート&浮き上がり

Menu 041 バタフライキックを効果的に使って高いスピードを維持したまま浮き上がる

やり方 ▶ バタフライキックで水中を進みスタートの勢いを落とさない

バタフライに限らず、背泳ぎ、クロールでも同様だが、スタート後、そしてターン後の15mまでは水中で動作を行っても良い、というルールがある。水中をバタフライキックで進むと、飛び込んだときのスピードを落とさずに進むことが可能だ。

ポイントは、入水後にまず真っすぐなストリームラインの姿勢に素早く移行すること。身体が水平になったらすぐにバタフライキックを打ち始めよう。このバタフライキックは進む意識ではなく、"スピードを落とさない"という意識を持つことが大切。なので、小さく、細かく、素早く、速く打つ。これが浮き上がりで使うバタフライキックのコツだ。

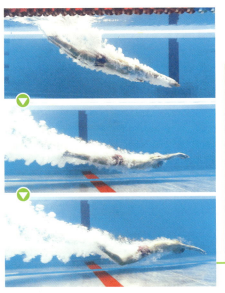
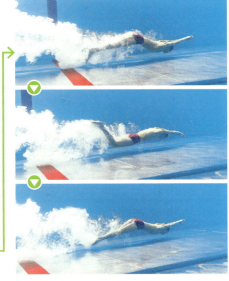

? なぜ必要?

スタートでリードできるとレースが有利になる

スタートから浮き上がりまでで周りの選手よりリードできれば、レースを有利に展開することができる。そして、スタートは練習すればするほどうまくなっていくので、ぜひとも時間を作って浮き上がりまでを繰り返し練習してほしい。

下半期のトレーニング

自分に合う浮き上がりのタイミングを見つける

(ねらい)

Menu 042 15mラインまでのタイムを計り最も速い浮き上がりのタイミングを見極める

難易度 ★★★★☆
時間 2時間

習得できる技能
▶ スピード強化
▶ 耐乳酸能力強化
▶ 持久力強化
▶ フォーム
▶ フィジカル
▶ ターン&タッチ
▶ スタート&浮き上がり

やり方 ▶ 15mラインでタイムを計測する

浮き上がりで、水中バタフライキックを15mまで打てば必ず速くなる、というわけではない。バタフライキックが苦手な選手の場合、無理に15mまでキックを打つと、反対に遅くなってしまうこともあるのだ。

自分は15mギリギリまで水中バタフライキックを打ったほうが良いのか、それとももっと速く浮き上がって泳ぎ始めたほうが良いのか。それを見極めるためには、15mのタイム測定を行うのがオススメだ。

スタートしてから、バタフライキックの10回の場合や8回の場合など、回数を変えながら何本も計測してみよう。そのなかで、最も速いタイムで15mを通過できたバタフライキックの回数が、自分にとって最高の浮き上がりの方法になる。

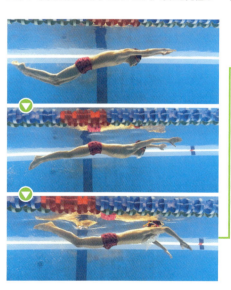

? なぜ必要?

自分が最も速く浮き上がれる方法を知っておこう

試合だけで15mの通過タイムを計測するのでは、試合がムダになってしまう。試合前の準備として、確実に自分が最も速く15mを通過できる術を知っておこう。

下半期のトレーニング

持久力に磨きをかける練習メニュー&素早いタッチターンをマスターする

ねらい

Menu 043 量的強化期・ロンググループメニュー&コンパクトに素早く回転するターンの方法

難易度 ★★★☆☆
時間 2時間

習得できる技能
▶ スピード強化
▶ 耐乳酸能力強化
▶ 持久力強化
▶ ストローク&キック
▶ フィジカル
▶ ターン&タッチ
▶ スタート&浮き上がり

下半期・量的強化期 (4・5月)	ロンググループ（400〜1500m）	練習量★★★★★　練習強度★★
KICK	①800×2 (14:00) Locomotive、100×8 (2:00) Hard	1500〜2500mのキック練習を行っておこう。長い距離の練習（①・②）や強弱をつける練習（③・④）、短いサイクルの練習（②）でキックの持久力と耐乳酸能力を向上させる。
	②400×3 (7:00) Ba or S1 sn、100×4×2 (1:30) rest(1:30)	
	③〔200×2 (3:45) +100×1 (2:00) Hard〕×3 restなし	
	④100×16 (1:50)　1tsmooth　2tHard	
PULL	①800×5 (11:00) Des 1〜3tsn 4・5t ノーマル	①や②の練習は上半期と同じ練習だが、上半期よりも1本1本のタイムを上げるように心掛けて取り組もう。③は、短いサイクルで泳ぎきることを目標とする練習だ。④はFlyの距離や練習量を増やして、効果的に体力を養う練習になる。
	②400×10 (5:20) Des/2t sn使用可	
	③200×12 (3:00) (2:20) /1t	
	④200×12 (2:50) 1tFr　2tFly	
SWIM	①100×10×4 (1:25) (1:20) (1:15) (1:10) / 1s　Des/1s　rest(1:00)	上半期よりも練習量を上げ、練習強度を高くする。セットごとにサイクルを短くして練習強度を上げる練習（①・②）や、③のように一定のサイクルでHardする練習を積極的に行い、持久力強化に努めよう。④はIM選手用で、IMはHard、FrはDesでレース後半の持久力を強化する。
	②200×6 (2:40)、200×4 (2:30)、200×2 (2:20)　Des/1 s　rest(1:00)	
	③400×5 (5:20) Des1〜5t、100×8 (1:30) Hard	
	④400×8 (5:30) IM-Fr/1t　IM=Hard, Fr=Des	
TOTAL・陸トレ	TOTAL距離は、7000〜9000m程度。ロングチームの陸上トレーニングは冬場と同様の考え方でOK。パワーよりも全身持久力を必要とする種目であるため、ウエイトトレーニングはショートやミドルグループよりも少なくてもOK（週に1・2回）。その分、体幹を鍛えるための補強運動やTRXを活用したトレーニングを多めに入れるのがオススメ。TOTAL距離が多くなり、さらに質の高い練習になるので、肩の故障が問題になることが増える。上半期同様、セラチューブなどを使用して肩のインナーマッスルを鍛えることが大切になる。	
全体解説	練習量はとても多く、練習強度は低めなのが特徴的。ロンググループの選手は、上半期に養った持久力にさらに磨きをかける時期と捉えよう。冬場に行った練習量と同じか、それよりも多い練習量を、上半期以上の練習タイムで泳ぐことがこの時期の目標である。HRを活用し、1本1本を速いペースで一定に保つことや、同じタイムでも心拍数を下げることができれば、能力が上がっている証拠だ。長水路での練習成果が試合に結びつきやすいのがロンググループの特色でもあるので、この時期に行われる大会で練習成果を試しながら、その反省点を日々の練習で生かしていこう。	

〈練習メニューの組み方例〉
メニューを自分で組んでみよう

```
Kick  ③〔200m×2回(3:45)+100m×1回(2:00)
      Hard〕×3セット  セットrestなし
Pull  ②400m×10回(5:20)Des/2回ずつ sn使用可
Swim  ①100m×10回×4セット(1:25)(1:20)
      (1:15)(1:10)/1セットごと
      Des/1セットごと  セットrest(1:00)
```

解説

持久力強化がメインになるので、キック、プル、スイムのすべてでできるだけ長い距離、ショートサイクルの練習を組み込んでいこう。この時期のロンググループは、耐える練習が多くなるが、ここを耐え抜くと高い持久力が身につき、次の質的強化期には、ワンランク上のレベルで練習が積めるようになる。

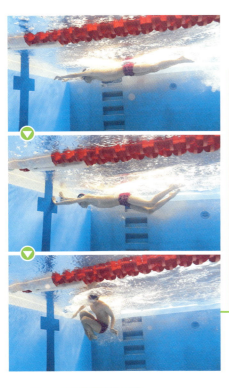

⚠ フォームのポイント

両手を壁についてから
素早く回るタッチターンを身につけよう

バタフライと平泳ぎで行うタッチターンのポイントは、両手を壁についた瞬間、左手を身体に引きつけて、太ももをお腹につけるようなイメージで身体を素早くコンパクトに縮めることだ。ここで身体のコンパクトにすると、素早く回転することができて、ターンの時間を短縮できるようになる。

左手を引いて身体を横に向けた瞬間、右手でしっかりと壁を押すと、おへそを中心にして頭と脚の位置が素早く反転する。壁に脚がついたときは身体が横を向いているが、そのまま壁を蹴ってしまおう。蹴り出してから、上半身を捻って下を向けばOKだ。

下半期のトレーニング

スピードが落ちない
ターンの入り方を覚える

ねらい

Menu 044　ターン練習その1
　　　　　壁に手をつくタイミングを覚える

難易度 ★★★☆☆
時間 2時間

習得できる技能
▶ スピード強化
▶ 筋持久力強化
▶ 持久力強化
▶ フォーム
▶ フィジカル
▶ ターン＆タッチ
▶ スタート＆浮き上がり

やり方　身体が伸びたタイミングで壁に手をつくと回転しやすい

両手でターンをするタッチターンでは、回転をする前の段階もポイントになる。壁に手をつくときのタイミングだ。

バタフライでも平泳ぎでも、身体が伸びたところが壁に手をつく最適なタイミング。バタフライで言えば、第1キックを打って前方に体重移動をしてキャッチをする手前のところ。平泳ぎなら、キックが蹴り終わってストリームラインの姿勢を取っているところだ。

ここで手を壁につけるために、どのタイミングで5mラインを通過すれば良いのかを繰り返し練習して自分で把握しておくのが良い。

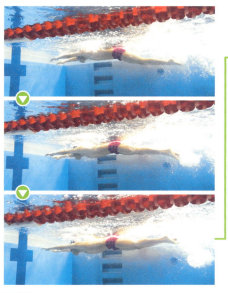
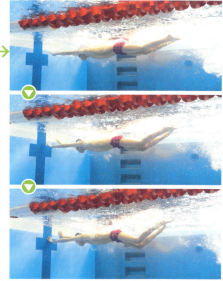

？なぜ必要？

素早くターンするためにはターンの入りが重要

リカバリーの途中で壁に手をつくようなタイミングになったり、壁が遠すぎて伸びている時間が長くなったりすると、素早く回転することができなくなる。だからこそ、壁に手をつくタイミングは非常に大切なのだ。

下半期のトレーニング

ムダのない
ターン動作を学ぶ

難易度 ★★★☆☆
時間 2時間

習得できる技能
- スピード強化
- 耐乳酸能力強化
- ▶ 持久力強化
- フォーム
- フィジカル
- ▶ ターン&タッチ
- スタート&浮き上がり

Menu 045　ターン練習その2
素早く回転するために身体をコンパクトに

やり方　10mあたりから泳ぎ始めターンして浮き上がるまでを繰り返し行う

タイミング良く壁に手をつくことができれば、回転のスピードも速くすることができる。手をついた瞬間に左手を引き、太ももをお腹に近づけるようにして身体をコンパクトにさせる。そうしたら、右手でしっかり壁を押して回転し、あとは壁に脚がついたら蹴り出すだけ。
手をつくタイミングから回転まで、何度も練習するためにオススメしたい練習法は、10mあたりからスタートし、ターンして浮き上がりまでを全力で行うターン練習だ。短い距離なのでスピードも出しやすく、繰り返し行いやすいので、練習メニューに組み込んでも良いし、クーリングダウンの時間に行っても良い。

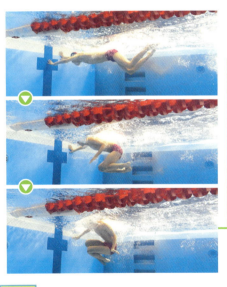
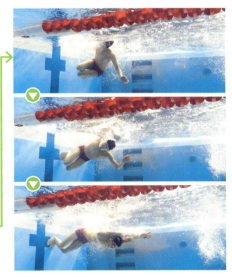

？ なぜ必要？

全力のスピードで練習するからレースに生きる

試合と練習で泳速が違ったら、5mラインを通過するタイミングを合わせても、練習では合うのに試合で合わない、ということが起こってしまう。だからターン練習は全力のスピードで行う必要があるのだ。

下半期のトレーニング

年間で最も質を高める時期の練習メニュー&平泳ぎの呼吸のコツ

ねらい

Menu 046 質的強化期・ショートグループメニュー&水の抵抗を受けない平泳ぎの呼吸法

難易度 ★★★★☆
時間 2時間

習得できる技能
- ▶ スピード強化
- ▶ 耐乳酸能力強化
- ▶ 持久力強化
- ▶ ストローク&キック
- ▶ フィジカル
- ▶ ターン&タッチ
- ▶ スタート&浮き上がり

下半期・質的強化期 (6・7月)	ショートグループ(50〜100m)	練習量★★　練習強度★★★★★
KICK	①100×8 (2:30) E-H/1t ②50×4×3 (1:10) (1:20) (1:30) / 1s 1sDes 2sHard 3sE-H/ 1t rest(1:00) ③25×6(−) Dive　潜水Hard ④100×1 or 50×1 タイムトライアル	キック練習は高い練習強度で行う。サイクルは長く、十分な休息をとりながら集中して取り組む練習(①・②)を中心に、③は冬場に行った練習だが、さらに記録の向上を目指そう。④は100mか50mのキックでのベストタイムを計ることで力のつき具合を確認する練習なので、定期的に行っておこう。
PULL	①[100×3 (2:00) Even rest(30)+100×1 (2:30) Hard]×2　S1 ②50×8×2 (1:10) (1:30) /1s　1s2H1E 2sE-H/1t　S1　rest(1:00) ③200×4 (3:20) Fr ④25×8×2 (1:00)　1sDes/ 1t 2sE-H/1t S1 Pad rest(1:00)	Hardの練習はサイクルを長めに設定し、①のようにEvenの練習を入れることで体力の回復を入れつつ練習を行おう。しっかりと腕の回転を上げることと、Hardは呼吸を少なくして行うことが大切。パドルをつけることで、練習強度を上げることができるので積極的に活用していこう。③のように強度を上げず、一定のペースで泳ぐ練習もミドルグループには必要なので、ある程度の頻度で取り入れよう。
SWIM	①25×4×3 (30) S1 Hard restE100 ②50×4×3 (1:20)　1sHad 2s2H 1E 1H　3sE-H/1t　restE100 ③100×4 (2:30) Hard、 100×4 (3:00) E-H/1t　rest(2:00) ④100×4 (10:00) Dive or 50×6 (8:00)　Dive　+25・15mDive	練習強度がかなり高い練習になる。①はサイクルが短いが4本を全力で取り組むこと。②は徐々にHardの本数は減っていくので、質を落とさないようにする。RestはEasyをしっかり行って、その都度体力を回復させて、次の練習に備えよう。③は100mHard練習で1本目から高い記録を維持すること。④は上半期に行った練習だが、長水路で取り組むとによって、耐乳酸能力を効果的に向上させることができる。
TOTAL・陸トレ		TOTAL距離は、4000〜5000m程度。陸上トレーニングは、筋力を維持しながら最大筋力の向上を目指すことがポイント。ウエイトトレーニングを重視し、上半期よりも高重量で行うことがこの時期の大きな課題だ。メディシンボールを使用して最大パワー付近での動作スピードを重視したトレーニングを週に1・2回行う。水泳の練習よりも陸上トレーニングを重視する日を設定してもOK。水泳・陸上トレーニングともに質の高い時期となるので、栄養補給をしっかり行い、休息も十分にとって故障や病気に気をつけよう。
全体解説		練習量は少なく、練習強度はとても高い。1年間で最も質の高い練習をするのは、この時期のショートグループだ。練習量を減らす分、練習強度を最大限まで引き上げることが大切。全体的にサイクルは長く、休息時間を十分にとりながら、一つひとつの練習に対して高い集中力をもって取り組もう。練習強度が高くなる分、身体のケアを十分に行い、故障の予防をすること。各地域の予選会など長水路での大会も始まる時期となるので、強化をしながら各大会でベストタイムを更新していくことが目標となる。

〈練習メニューの組み方例〉
メニューを自分で組んでみよう

Kick	②50m×4回×3セット（1:10）（1:20）（1:30）/ 1セットごと　1セット目 Des　2セット目 Hard 3セット目 E-H/1回ずつ　セットrest（1:00）
Pull	①[100m×3回（2:00）Even　rest（30） +100m×1回（2:30）Hard]×2セット S1
Swim	③100m×4回（2:30）Hard、100m×4回 （3:00）E-H/1回ずつ　セットrest（2:00）

解説

最も質の高い練習を行うこの時期は、ショートグループとはいえども100mを中心にして、ハードを行うセットが続く厳しいメニューに取り組むのがオススメ。練習量自体は少なくても良いが、強度を最大限まで引き上げることが大切。最後まで頑張りきれるように、キック、プル、スイムのバランスを考えてメニューを組み立ててみよう。

⚠ フォームのポイント

呼吸時に身体を起こしすぎないように前への体重移動を意識しよう

毎ストローク、自然と上半身が浮き上がって呼吸動作が入る平泳ぎ。ここで身体を起こしてしまうと正面からの水の抵抗が大きくなるため、できるだけ前屈みの状態でこの動作を行うことが大切だ。

そのためには頭をあまり動かさず、身体が浮き上がる自然な動作に身を任せて、顔が水面から出たタイミングで呼吸をするだけで良い。無理やり呼吸をしようとか、顔を上げようという意識を持ってしまうと身体が起き上がりやすくなり、抵抗が増えてしまうので注意しておこう。

脚はまだ伸ばした状態のままでキープしているタイミング。呼吸をして、手が前に伸びて身体が前方に倒れていくところではじめてキックの引きつけ動作がスタートする。それまでは抵抗をなくす意味でも、できる限り下半身を水面近くに保っておくのもポイントだ。

下半期のトレーニング

抵抗の少ない呼吸動作のために目線を注意する

Menu 047 身体が起き上がりすぎないときの呼吸動作の目線の位置

難易度 ★★★★☆
段階 第5段階

習得できる技能
▶ スピード強化
▶ 耐乳酸能力強化
▶ 持久力強化
▶ フォーム
▶ フィジカル
▶ ターン&タッチ
▶ スタート&浮き上がり

やり方 ▶ 自分が呼吸時に見る場所を調整することで頭の良い位置をキープする

平泳ぎの呼吸動作において、頭を動かさずに自然と身体が浮き上がる動きに合わせて行えているかどうかを確認する方法がある。それが、目線のチェックだ。

呼吸時、自分が見ている場所を確認してみよう。正面を見てしまうと、アゴは上がりすぎている証拠。逆に水面ばかりが見えていると、アゴを引きすぎているので、肩周りにムダな力みが生じていることになる。

理想の目線を置く位置は、上目遣いをしたら反対側の壁の水際あたりが見える程度。このあたりが、アゴを上げすぎず引きすぎず、自然な頭の位置をキープできる目線の位置になる。

呼吸をしたとき、自分がどこを見ているかを確認して、もしアゴが上がりすぎたり下げすぎたりしてしまっているようなら、泳ぎながら調整してみよう。

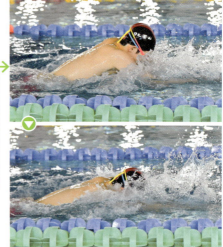

? なぜ必要？

目視できない動きを修正するために目線を使う

頭の位置は、自分ではどうなっているのかは確認できない。それを自分の感覚で良いか悪いかを判断する基準として、目線を使ってみよう。

上半期のトレーニング

ねらい 体重移動を使った泳ぎを学ぶ

Menu 048 ヘッドアップドリルを活用して前方への体重移動の感覚を養う

難易度 ★★★★☆
段階 第5段階

習得できる技能
▶ スピード強化
▶ 耐乳酸能力強化
▶ 持久力強化
▶ フォーム
▶ フィジカル
▶ ターン＆タッチ
▶ スタート＆浮き上がり

やり方　ヘッドアップから徐々に通常の泳ぎへ

呼吸動作をしてから、リカバリーで前方に体重移動させる感覚は、ヘッドアップドリルで養っていこう。このドリルは25mを使って行う。まず最初は完全に頭を水面から上げた状態をキープしたまま泳ぎ、徐々に頭を入れていき、ラスト10mくらいは普通の平泳ぎになるようにする。身体を立てたまま泳ぐところから、だんだんと頭を入れるようにしていくことで、前方に身体を倒す感覚を分かりやすくするドリルだ。

ヘッドアップはテンポを上げて行うので、泳ぎのテンポはそのままで最後まで泳ぎ切るのもポイント。そうすることで、呼吸動作を入れても、素早く前方に体重移動させる感覚が身についていくのだ。

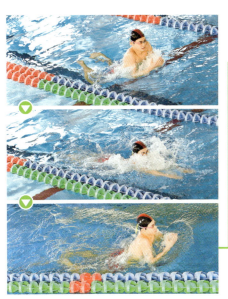
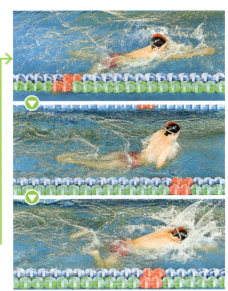

？ なぜ必要？

前方への体重移動も推進力を生む力になる

呼吸動作で身体を起こしすぎないことはもちろんだが、リカバリーと同時に身体を前に倒すことで体重移動させるのも平泳ぎでは大切なこと。その感覚を養うのに役立つのだ。

下半期のトレーニング

夏に結果を残すために質を上げた練習メニュー&キックとプルのタイミングを合わせる

Menu 049 質的強化期・ミドルグループメニュー&キックの推進力を生かせる泳ぎのタイミング

難易度 ★★★★☆
時間 2時間

習得できる技能:
- ▶ スピード強化
- ▶ 耐乳酸能力強化
- ▶ 持久力強化
- ▶ ストローク&キック
- ▶ フィジカル
- ▶ ターン&タッチ
- ▶ スタート&浮き上がり

下半期・質的強化期 (6・7月)	ミドルグループ(100〜200m) 練習量★★★ 練習強度★★★★	
KICK	①200×4(4:00)、100×6(2:30)、 50×8(1:30) S1 Hard rest(2:00)	キック練習はすべて練習強度を高く設定する。①・②はサイクルを長くし、距離を短くしていくことで高いスピードを維持できるようになる練習だ。③は、50m〜200mまでのベストタイムを定期的に測定する。④は冬場にできなかったセットに挑戦しよう。
	②400×3(7:00)Ba、50×4(2:00)、 25×8(1:00) S1 Hard	
	③200×1 or 100×1 or 50×1 タイムトライアル	
	④100×4×5A(1:30)(1:25)(1:20)(1:15)(1:10)/ 1s restはセット毎にのばす	
PULL	①100×16 1〜8t(1:45)Even 9〜16t(2:00)E-H/1t S1	持久力の維持と耐乳酸能力の向上を目的とする。ロングとはいえ、時には②のように25mHardでスピード能力を高めることも必要。④はFrで持久力を養う練習。平泳ぎの選手はS1をFlyやBaで行う。IM選手はFlyやBaを多く取り入れると良いだろう。
	②50×16(1:10)S1 Des1〜4t、 25×8(50)S1 Hard Pad	
	③200×8(3:00)Fr-S1/1t S1=Des	
	④100×4×5(1:30)(1:25)(1:20)(1:15)(1:10)/ 1s Fr rest(1:00)	
SWIM	①200×4(3:30)、100×6(2:30)、 50×8(1:20) S1 Hard restE100	基本的にはすべてS1のHard。②は200mの後半を鍛える練習で、1本目はほぼ全力で泳ぎ、2本目に残った力も出し切って記録を上げることが大切。③は短いサイクルで高い記録を維持する練習で、200mや100mの中間スピードの練習だ。④は冬に行ったDATAを少しでも乗り越える気持ちで取り組もう。
	②[100×2×4](1:30)S1 1t90% 2tHard restE100	
	③100×4×2(1:20)、 50×4×3(50)S1 Hard restE100	
	④200×10(4:00) or 100×20(2:30) or 50×40(1:10)S1 DATA	
TOTAL・陸トレ	TOTAL距離は、5000〜7000m程度。陸上トレーニングはショートグループ同様にウエイトトレーニングを重視し、高重量で行うこと。メディシンボールを取り入れてショートチームと同様の形で行う。水泳・陸上トレーニングともに質の高い時期となるので、栄養補給をしっかり行い、休息も十分にとることを忘れずに行おう。	
全体解説	練習量は中程度で、練習強度は高い。レース前半でできるだけ高いスピードを出しながら、後半で粘るための耐乳酸能力を養う時期になる。5・6月は長水路での大会が始まる時期なので、調整をせずに強化練習をしながら大会に出場することで、実践的な練習を行うことができる。上半期よりもさらに練習強度の高い練習に取り組むことに挑戦したり、同じ練習メニューであっても質の高い練習をしたりすること。1年間の中でも、この時期にどれだけ内容の濃い練習をすることができるかが問われており、それが夏の結果に直結するからだ。夏の大会が屋外プールの場合、背泳ぎや個人メドレーの選手は屋外プールで練習し、真っすぐ泳ぐ練習もしておこう。	

〈練習メニューの組み方例〉
メニューを自分で組んでみよう

Kick　③200m×1回 or 100m×1回 or
　　　　50m×1回　タイムトライアル

Pull　①100m×16回 1〜8回(1:45)Even
　　　　9〜16回(2:00)E-H/1回ずつ S1

Swim　④200m×10回(4:00) or
　　　　100m×20回(2:30) or
　　　　50m×40回(1:10)S1 DATA

解説

スピード持久力と持久力の強化が主な目的になるのが、ミドルグループのこの時期。キックではできるだけ練習強度を上げたい。その基準を作るために、1週間に1回程度のタイムトライアルでベストタイムを知っておくと良い。プルも距離は長めに設定。もしくは50mでも本数を多めにしておこう。スイムでは、冬季にも同じようなデータ練習を入れておき、自分がどれだけ成長したかを平均タイムで調べておこう。

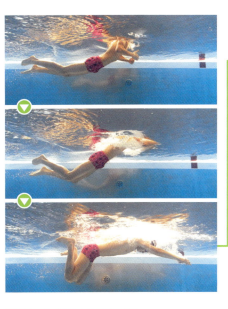
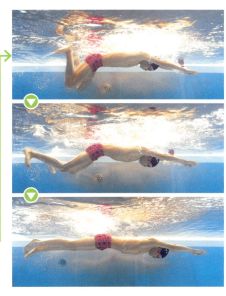

⚠ フォームのポイント

キックの推進力を生かすためには
キックとプルのタイミングが重要

平泳ぎがほかの泳法とは大きく違う点は、どちらかといえばキックのほうが高い推進力を生み出してくれること。そのキックの推進力をしっかりと泳速に生かすためには、キックとプルを行うタイミングが非常に大切になってくる。

ポイントは、それぞれが推進力を生み出しているときは、それぞれが邪魔をしないようにすること。プルで推進力が生まれているところは、水を捉えてかき込んでくるところまで。そこまではキック動作は行わず、できるかぎり下半身は真っすぐな状態をキープしておこう。反対に、キックの推進力を生み出すときには、腕はリカバリーを終え、身体を前方に倒して真っすぐなストリームラインの姿勢を作っておく。つまり、キックを蹴り出すときには、呼吸動作とリカバリーを終えておかなければならないのだ。

このタイミングを意識して、プルが終わったらキック、キックが終わったら一度ストリームラインで伸びてからプル、という流れを身体に覚えさせておこう。

下半期のトレーニング

キックとプルのタイミングをドリルで覚える

ねらい

Menu **050** キックの回数を多めに入れる
3K1Pと2K1Pでタイミングを覚える

難易度 ★★★★☆
段階 第4段階

習得できる技能
▶ スピード強化
▶ 筋持久力強化
▶ 持久力強化
▶ フォーム
▶ フィジカル
▶ ターン＆タッチ
▶ スタート＆浮き上がり

> **やり方** 3回、もしくは2回キックを打つ間にプルを1回入れる

バタフライで紹介した4K1P（3K1P）と同じで、3回、もしくは2回キックを打つ間に、1回プル動作を入れるドリルだ。

3K1Pは、まずストリームラインの姿勢でキックを1、2と2回打つ。2回目のキックが終わったら、ストリームラインの状態で少しだけ伸びて、ストロークを開始。普通のコンビネーションのようにして、3回目のキックを打つ。それが終わったら、また1、2と2回キックを打って……を繰り返す。コンビネーションの間にキックを挟むことで、落ち着いてキックとプルのタイミングに集中して練習ができる。2K1Pは、間に挟むキックの回数が1回になり、コンビネーションに近い感覚で行える。

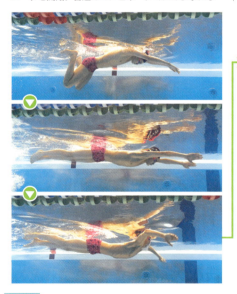
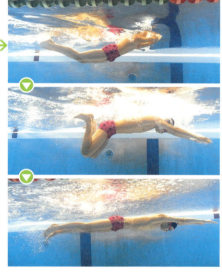

> **？ なぜ必要？**

スピードを上げると効果アップ

最初はゆっくりでも良いが、慣れてきたら徐々にスピードを上げて行おう。そうすると、スピードやテンポを上げてもキックとプルのタイミングを合わせられるようになるからだ。

上半期のトレーニング

テンポを上げてもタイミングが合う泳ぎを身につける

ねらい

難易度 ★★★★☆
段階 第4段階

習得できる技能
▶ スピード強化
▶ 新乳酸能力強化
▶ 持久力強化
▶ フォーム
▶ フィジカル
▶ ターン&タッチ
▶ スタート&浮き上がり

Menu 051 3P1Kと2P1Kでプルを多めに入れても
タイミングを合わせられるようにしよう

やり方　3回、もしくは2回プルを行ってその間にキックを1回入れる

先に紹介した3K1P（2K1P）の、反対バージョン。プルを多めに間に挟んで、その間にキックを1回打つ、というドリルだ。
下半身を固定させたまま、できるだけ水面近くにキープ。そのままプルを2回続けて行い、そのままのテンポで3回目のプルのリカバリーが終わってストリームラインの姿勢を取ったら素早くキックを1回入れるのが3P1Kだ。下半身を動かさずに1回だけプルを行って、2回目のプルが終わったら素早くキックを1回入れるのが、2P1K。
ポイントは、プルのテンポを落として1回キックを挟むのではなく、素早く行うプルのテンポに合わせるようにして、キックを入れること。そうすれば、トレーニングとしても非常に高い効果のあるドリルになる。ただし、キックとプルのタイミングはずらさないように注意して行おう。

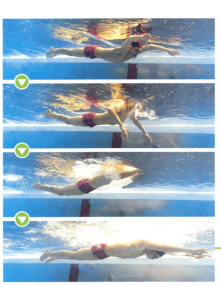
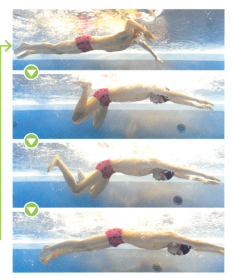

？ なぜ必要？

速いテンポでもタイミングが合えば試合でもタイミングがズレない

キックとプルのタイミングを合わせようとすると、テンポが落ちてしまいがち。速いテンポを維持したままキックを良いタイミングで合わせるためのドリルでもある。

下半期のトレーニング

レースペースを維持しながら持久力を高める練習メニュー＆頭ひとつ抜き出るための平泳ぎのスタート

Menu 052 質的強化期・ロンググループメニュー＆勢いよく飛び出せるスタートを覚える

難易度 ★★★★☆
時間 2時間

習得できる技能
- スピード強化
- 耐乳酸能力強化
- ▶ 持久力強化
- ストローク＆キック
- フィジカル
- ターン＆タッチ
- ▶ スタート＆浮き上がり

下半期・質的強化期 (6・7月)	ロンググループ（400～1500m）	練習量★★★★　練習強度★★★
KICK	①400×8（7:00）Ba、50×8（1:10）Hard ②200×8（3:20）S1　smooth-Hard/1t　sn使用可 ③100×12（1:50）Des4t ④400×1（7:00）、200×2（3:30）、100×4（2:00）　Des/1s	上半期と同じ量でも、Hard や Des を取り入れることで練習強度を上げる。1本1本の記録を上げることが大切だ。
PULL	①400×5（5:20）Des1～5t ②800×3（11:00）Des1～3t ③100×20（1:30）smooth-Hard/1t　sn使用可 ④200×9（3:00）Fly-Ba-Fr/3t	①・②は距離が長い練習で徐々に練習記録を上げていくことで、持久力を養っていこう。③は強弱をつけることで練習強度を高められる。メリハリをしっかりつけることがコツ。④は IM 選手用の練習で、200m の Fly や Ba を行うことで上半身の強化をする。
SWIM	①200×8（3:00）、100×15（1:30） 　1500m のペースを意識して ②100×8（1:20）、200×4（2:50）、 　400×2（6:00）、800×1　Des/1s ③1500×3（20:00）Des1～3t ④200×4（2:45）、100×6（1:30）、 　50×8（50）400m のペースを意識して	①・④はレースのペースを意識して取り組む練習だ。HR を計りながら行うと良い。②・③は1本の距離が長い練習に取り組むことで持久力を養うことと、距離に対する不安をなくすための練習になる。IM 選手は④をスイッチで行うのもオススメだ。
TOTAL・陸トレ	TOTAL 距離は、6000～8000m 程度。泳ぐ距離も多く、練習強度も高い時期となる。故障が心配になる時期なので、マッサージを受けるなど疲労を除去するための努力をすること。屋外プールで練習する場合、疲労が屋内での練習よりも蓄積しやすい。熱中症や日焼けなどの対策も考え、練習中の水分補給もしっかり行うこと。陸上トレーニングは量的強化期と同様で良いが、少しでも重量を上げる努力をすることは必要だ。筋肉をつけることは故障の予防にもなるし、レースの最後に競り合った時に勝利するために必要なスピード能力を高める練習にもなる。	
全体解説	練習量は多く、練習強度は中程度である。練習量を維持しながら、練習強度を高めていく時期になる。長距離選手は長水路でのレースのペースを意識して練習すること。400m や 1500m の100m 毎のペースを維持しながら泳ぐことが、この時期の主な目的だ。長い距離を続けて泳ぐ練習を頑張ることができれば、大会に出場するときの自信にもつながる。夏の本大会が屋外プールの場合は風や日差しなどが屋内プールとは異なるため、ロングの選手は特に影響を受けやすい。その対策として、この時期は屋外プールで練習を行う機会があるなら積極的に活用していこう。	

〈練習メニューの組み方例〉
メニューを自分で組んでみよう

Kick	②200m×8回（3:20）S1 smooth-Hard/1回ずつ sn使用可
Pull	①400m×5回（5:20）Des
Swim	④200m×4回（2:45）、100m×6回（1:30）、50m×8回（50）400mのレースペースを意識して

解説
上半期の質的強化期と練習内容や量は同じくらい。そこにハードなどを組み込んで質を上げていこう。キック、プル、スイムのすべてで長めでショートサイクルが基本。スイムでは、特にレースペースを意識した練習を多く取り入れていこう。例は400mのペース用だが、メニュー内の①なら1500mのレースペースを意識した内容になる。

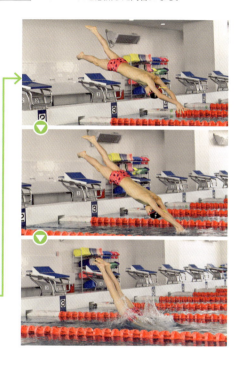

⚠ フォームのポイント
スタート台をしっかりと手で引いて飛び出す勢いを補助する

バックプレートを使ったクラウチングスタートのコツは、Menu040で紹介した通り。そこにもう1点、手の動きを追加して練習すれば勢いよくスタート飛び出すことができる。
そのポイントは、号砲が鳴った瞬間、スタート台を蹴る力だけで前に飛び出すのではなく、腕でスタート台を引くことだ。スタート台の前にかけた手を後ろに引くことで、身体を前に押し出すことができ、バックプレートを蹴る後ろ脚の力を補助できる。そうすると、前方に飛び出す勢いが増し、さらに鋭く飛び出すことができる。
難しいのは、腕を後ろに引いたあと、入水するまでに手を前に持っていかなければならない、ということ。入水の瞬間には、身体を真っすぐな姿勢にしておきたいので、頭の上から腕を前に持ってくるようにすると無駄なく良い姿勢で入水できる。
繰り返し動作を確認しながら、スタートは何度も練習して自分なりの感覚を作り出していこう。

下半期のトレーニング

スタートの勢いを生かすひとかき動作を覚える

Menu 053 平泳ぎの浮き上がりその1
ひとかきひとけりの『ひとかき』

難易度 ★★★★☆
時間 2時間

習得できる技能
▶ スピード強化
▶ 耐乳酸能力強化
▶ 持久力強化
▶ フォーム
▶ フィジカル
▶ ターン&タッチ
▶ スタート&浮き上がり

やり方　バタフライキックを効果的に使おう

平泳ぎの浮き上がりは特徴的。ひとかきひとけりと呼ばれる動作を行って浮き上がってくるのが、平泳ぎのスタンダードなスタートとターン後の水中動作だ。

まずひとかきひとけりの『ひとかき』は、バタフライのストロークのように、最後までかききることができる。そのひとかきの間に、1回だけバタフライキックを打つことがルールで許されている。このバタフライキックをうまく活用すれば、ひとかきのスピードがグンと上がる。ただし、ひとかき中に打つことがルールなので、バタフライキックを打ってからひとかきを開始するのは失格になってしまうので注意しよう。ひとかきのキャッチのタイミングで打つのか、それともフィニッシュに合わせて打つのか。バタフライの第1キックのタイミングか、それとも第2キックのタイミングかは、自分がやりやすいほうを選ぼう。

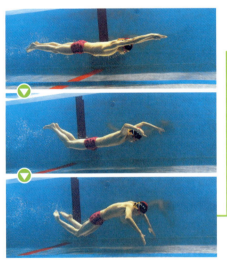
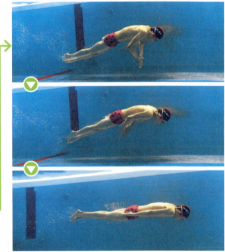

? なぜ必要?

失速させないひとかきひとけりがレースに生きる

飛び込んだときの勢いをうまく利用して、たくさん進むことができるひとかきひとけり。ここで失速したらもったいない。しっかりとスピードを維持できるひとかきの方法を練習しておこう。

上半期のトレーニング

スムーズに浮き上がる
タイミングを学ぶ

ねらい

Menu **054** 平泳ぎの浮き上がりその2
ひとかきひとけりの『ひとけり』

難易度 ★★★★☆
時間 2時間

習得できる技能
- ▶ スピード強化
- ▶ 耐乳酸能力強化
- ▶ 持久力強化
- ▶ フォーム
- ▶ フィジカル
- ▶ ターン&タッチ
- ▶ スタート&浮き上がり

やり方 ▶ 手を前に戻してからキックを打つ

ひとかきを終えて、気をつけの姿勢で少し進んだら、失速する前に『ひとけり』を開始しよう。コツは手を前に戻しながら脚を引きつけて、手が前に伸びてストリームラインの姿勢が作れたところで力強くキックを打つこと。平泳ぎのコンビネーションと同様に、キックの推進力を最大限生かすために、キックを打つ前に、手を戻す、という抵抗を生んで失速する動作を終わらせておくのだ。

手を前に戻すときは、できるだけ水の抵抗を減らすために、身体の前面を手のひらで這わせるようにして動かそう。手を身体から離してしまうと、それだけたくさんの水の抵抗を受けてしまうので要注意だ。最後、ひとけりが終わったら速やかに浮き上がり、コンビネーションにつなげていこう。

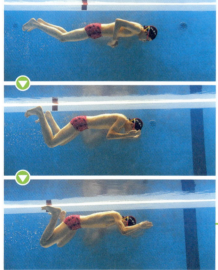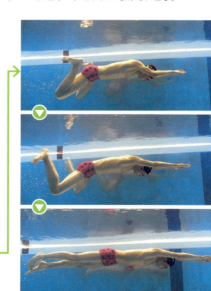

? なぜ必要？

高いスピードで進むためにひとかきひとけりを使う

ひとかきひとけりをうまく使うと、15mくらいまではコンビネーションで泳ぐよりも速く進める。自分が最も速く15mを通過できるひとかきひとけりのタイミングをタイム計測で見つけ出しておこう。

下半期のトレーニング

▶ 疲労を取り除きつつスピードを維持する練習メニュー＆
▶ 背泳ぎのキックとプルのタイミングを学ぶ

難易度 ★★☆☆☆
時間 2時間

習得できる技能
▶ スピード強化
▶ 耐乳酸能力強化
▶ 持久力強化
▶ ストローク＆キック
▶ フィジカル
▶ ターン＆タッチ
▶ スタート＆浮き上がり

Menu 055　調整期・ショートグループメニュー＆力を発揮できるキックとプルのタイミング

下半期・調整期(8・9月)	ショートグループ(50〜100m)	練習量★　練習強度★★★
KICK	①100×4(2:30)、25×4(1:00) Des1〜4t ②50×8(1:20) 1〜4tDes　5〜8tE-H/1t ③25×4×3(50) Des/1s　rest(1:00) ④25×8(1:00) 1〜4tDes　5〜8t15m sprint	下半身の疲労は取れにくいため、この時期のキックの練習量は少量にしておこう。調子を整えるためのキック練習とスピードを維持する練習として取り組むと良い。サイクルは長めにするのがコツ。
PULL	①200×3(3:30) Fr、50×6(1:30) Des1〜3t ②100×4×2(2:00)　　1sEven 　　　　　　　　　　2sDes　rest(1:00) ③[100×2(2:00) Even+25× 　2(50)15m sprint]×2　rest(30) ④25×4×3(50)　Des1〜4t　rest(30)	Pullは最低限の持久力の維持を図る練習と、スピード練習をうまくバランス良く取り入れよう。パドルなどの道具の使用をしても良いが、強度が上がりすぎないように気をつけて。サイクルは長めにしてしっかりと休息をとりながら行うと良い。
SWIM	①50×2×2(1:00) 100m の 　RacePace 1tDive　restE200〜 ②50×8(1:20)、 　50×2　Dive 100mの前半のPace ③50×2　Dive or 25×4 Dive or 15×4 Dive ④50×4×3(1:20) 　Speed　Play　rest(1:00)	①・②は長水路で行うと、レースを想定した実践的な練習ができる。何よりも記録を重視するが、それにとらわれすぎずレースのペース配分を意識して行おう。③はスタート練習も兼ねたスピード練習だ。浮き上がりなども意識しておこう。④は各自で調子をあわせるために行う練習なので、自分の感覚を敏感にして取り組もう。
TOTAL・陸トレ	TOTAL距離は、2000〜3000m程度。陸上トレーニングでは今までの筋力を維持することを考えて行うこと。この時期になればほとんどウエイトトレーニングの必要はないかもしれない。メディシンボールなど神経系の練習も回数や練習量を減らして行う。体幹などの補強トレーニングではTRXを活用したり、自重のみのサーキットトレーニングなどで身体に刺激を入れておくのがオススメ。大会が近づくにつれて、疲労が蓄積しないように注意を払い、栄養補給は継続し、身体のケアを入念に行おう。	
全体解説	練習量はとても少なく、練習強度は中程度である。疲労を除去することに細心の注意を払う。特にショートグループは、調子が上手く上がらないときに無理をして頑張ることで、かえって調子を崩すことにつながる恐れがある。そのようなときは思い切って休みを入れ、十分に身体の回復させるのも良いだろう。練習強度を上げずに、身体を回復させるために軽めの練習をするのも一つの方法である。今までの練習成果を大会で発揮できるかどうかは、調整がうまくいくかどうかにかかっている。特にショートグループの調整は繊細に取り組む必要がある。フォームやスタート技術の最終確認を怠らないようにするのも大切なポイントになる。	

〈練習メニューの組み方例〉
メニューを自分で組んでみよう

Kick	②50m×8回(1:20) 1〜4回はDes 5〜8回はE-H/1回ずつ
Pull	③[100m×2回(2:00)Even+25m× 2回(50)15mSprint]×2セット セットrest(30)
Swim	③50m×2回　Dive o r 25m×4回　Dive or 15m×4回 Dive

解説
夏場の調整期では、身体の疲労をしっかり取り除けるように量は少なめに。下半身の疲労は取りにくいため、キックは特に気を使おう。プルでは、持久力を維持する意味でも少し長めの距離を入れておきたい。スイムでは、ダイブを中心に試合を想定したメニューを組むと良い。特に短い距離のダイブは、スタートから浮き上がりまでを集中して練習できるので効果的だ。

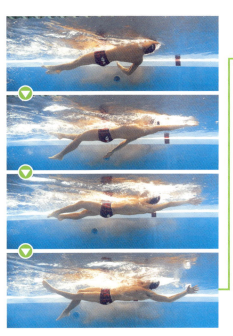
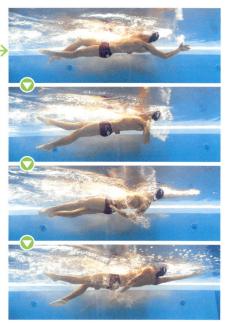

⚠ フォームのポイント

背泳ぎでキックとプルを合わせるタイミングは
入水、キャッチ、そしてプル動作

プルもキックも、左右交互に行う背泳ぎでは、特に3カ所でキックとプルのタイミングを合わせるようにしよう。
まず入水。写真のように左手が入水するタイミングで、右脚のキックが入る。そして小指から行うキャッチのときに左脚のキックを打ち、キャッチからプル動作で水を後ろに押し始めるところで右脚のキックが入る。この3カ所のタイミングを合わせると、とても力を発揮しやすくなるのだ。そして、左手のフィニッシュ動作のときには、右手が入水するタイミングなので、左脚のキックが入ることになる。左右両方でタイミングを考えていると、途中で混乱してくることが多い。だから、キックとプルのタイミングは、どちらか片ほうの腕のストロークで数えるのがオススメだ。

下半期のトレーニング

キックとプルを合わせて力を発揮できる泳ぎを覚える

Menu 056 片手ドリルでキックとプルのタイミングを確認する

難易度 ★☆☆☆☆
時間 2時間

習得できる技能
▶ スピード強化
▶ 耐乳酸能力強化
▶ 持久力強化
▶ フォーム
▶ フィジカル
▶ ターン＆タッチ
▶ スタート＆浮き上がり

> **やり方** 片ほうの腕は体側につけたまま
> もう片ほうの腕だけでストロークを行う

背泳ぎの片手ドリルは、ストロークしないほうの腕を体側につけておくほうが泳ぎやすく、キックとプルのタイミングを覚えやすい。

片ほうの腕のストロークに合わせて、入水、キャッチ、プルの3カ所に加え、フィニッシュの部分でのキックのタイミングも合わせておこう。

このとき、しっかりとローリングを行うこと。身体の軸をぶらさないこと。そして、左右差もしっかり感じ取っておこう。たとえば右手に比べて左手のほうが水が捉えにくいと感じたり、タイミングが合わせにくいと感じたりするなら、そちら側を多めに練習しておくと良い。

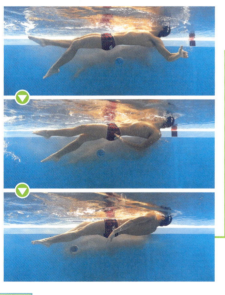
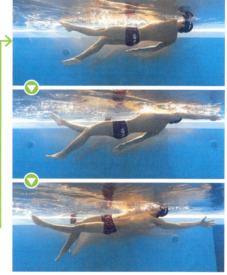

> **? なぜ必要？**
>
> **片手のほうがタイミングに集中して練習できる**
>
> コンビネーションでタイミングを練習しようと思っても、ずっとリズムを考えながら泳ぐのは難しい。だから、どちらか片ほうだけに集中して行ったほうが、タイミングは覚えやすい。

下半期のトレーニング

腕全体で水を捉えて効率の良いストロークを覚える

ねらい

Menu 057 前腕でも水を捉える感覚を養えるフィストスイム

難易度 ★☆☆☆☆
時間 2時間

習得できる技能
▶ スピード強化
▶ 耐乳酸能力強化
▶ 持久力強化
▶ フォーム
▶ フィジカル
▶ ターン&タッチ
▶ スタート&浮き上がり

やり方 ▶ 手をグーのかたちにして泳ぐ

前腕でしっかりと水を捉える感覚を養い、キャッチの感覚、そして泳ぎの感覚を鋭くする効果のあるドリルが、フィストスイムだ。
やり方は簡単。手をグーの状態にして泳ぐだけ。じゃんけんのグーのようにしっかり握ると、腕全体が力んでしまうので、指先を折り曲げる程度でOK。

このドリルを行うと、手のひらでどれだけ水を多く捉えているのかがよく感じられるはずだ。ただ、手のひらだけで水を捉えるよりも、腕全体で水を捉えられたほうが効率も良く、高い推進力を得ることができる。しっかりと手のひらだけではなく、前腕でも水を捉える、という感覚を養っていこう。

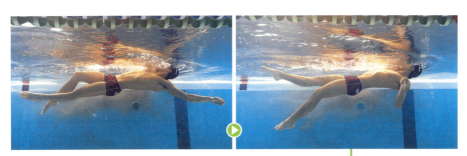

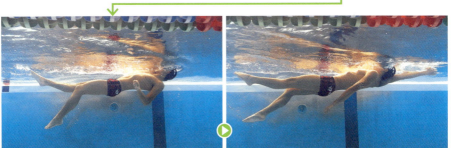

? なぜ必要？

泳ぎの感覚を悪くすれば、良い感覚も分かりやすくなる

前腕で水を捉える感覚を養うのはもちろんだが、フィストスイムのあとに手を開いて泳ぐと、とてもたくさん水を捉えている感覚が得られる。泳ぎの感覚を良くする効果もあるドリルなのだ。

下半期のトレーニング

ねらい 持久力を落とさない程度の量を維持した練習メニュー＆
背泳ぎのスタートから浮き上がりを覚える

難易度 ★★★☆☆
時間 2時間

習得できる技能
▶ スピード強化
▶ 耐乳酸能力強化
▶ 持久力強化
▶ ストローク＆キック
▶ フィジカル
▶ ターン＆タッチ
▶ スタート＆浮き上がり

Menu 058　調整期・ミドルグループメニュー＆背泳ぎのスタートでも1点入水を目指す

下半期・調整期 （8・9月）	ミドルグループ（100〜200m）	練習量★★　練習強度★★
KICK	① 200 × 2（3:30）、50 × 4（1:20）Des	持久力の維持と調子を整えるための練習だ。Hardの練習も全力を出し切るような泳ぎ方ではなく、あくまでも調子を上げるためのHard。疲労の状態をよく確かめながら泳ぐことが大切。
	② 100 × 4（2:20）、25 × 8（50）Des1〜4t	
	③ 50 × 8（1:10）Speed　Play	
	④ 50 × 6（1:10）、25 × 8（1:00）2tEven　1tHard	
PULL	① 100 × 6（2:00）Fr、50 × 6（1:20）S1	Frで最低限の持久力を維持しながらS1で調子を確かめ、スピードを上げる。HARDは少量でOK。
	② 50 × 12（1:10）Fr-S1/1t	
	③ [100 × 2（2:00）+25 × 4（50）] × 2　rest（30）	
	④ 50 × 9（1:20）S1　1tEven　2tH-E/25	
SWIM	① 50 × 1（1:00）+100 × 1（1:40）+50 × 1　200m の RacePace 1tDive	①は200m用のRacePaceの練習だ。このパターンは、レース中間のペースを確かめる練習として活用しよう。ほかの色々なパターンで試すのもオススメ。②・③のようにFrとS1で調子を確かめながら泳ぐ練習も、試合に向けた調整として効果的。④のようにDiveも入れて、レーススピードの感覚も養っておこう。
	② 100 × 4 × 2（2:00）　1sFr　2sS1　Elv（25→100）/1t　rest（1:00）	
	③ 50 × 4 × 3（1:20）S1　or　Fr	
	④ 50 × 8（1:20）Speed　Play、50 × 2、25 × 2 Dive	
TOTAL・陸トレ	TOTAL距離は、3000〜5000m程度。陸上トレーニングはショートグループと同様に筋力の維持を考えたメニューにし、疲労が蓄積しないようにすること。栄養補給、身体のケアを十分に行うことも忘れずに。この時期は休みが多くなるため、休日のとり方にも工夫が必要となる。一日中、強い冷房のきいた部屋にとじこもってばかりいるのは調子を整えるのにはマイナス。身体を冷やしすぎる飲み物にも気をつけることだ。練習以外の時間は水泳を離れ、精神的にリラックスできる工夫をするのも良い休息の取り方だ。	
全体解説	練習量は少なく、練習強度は低い。疲労を取ることを第一に考えるが、持久力の低下を防ぐための練習量は必要である。3・4日練習、1日休みというサイクルでもOK。練習強度は全体的には低くなるが、レーススピードでの練習は必要とされるため、練習内容のメリハリのつけ方が重要な時期になる。フォームやスタート技術の練習時間を増やしたり、疲労が蓄積していれば、練習全体をゆっくり流すようなリカバリー練習を取り入れたりするのもオススメだ。	

〈練習メニューの組み方例〉
メニューを自分で組んでみよう

Kick	①200m×2回（3:30）、 　50m×4回（1:20）Des
Pull	①100m×6回（2:00）Fr、 　50m×6回（1:20）S1
Swim	③50m×4回×3セット（1:20）S1 　or　Fr

解説

持久力を維持できる最低限の練習量はキックとプルを活用して確保しておきつつ、試合のレースペースを意識した練習をスイムで取り入れよう。キックは長い距離と短い距離を合わせるとスピード能力を落とさず維持できる。プルでは泳ぎの感覚を重視した練習をしたいので、専門種目で泳ぐ距離は短めにしておこう。スイムはレースを想定したペース練習や、良い感覚、良い泳ぎを確認することを目的としたメニューを組むと良い。

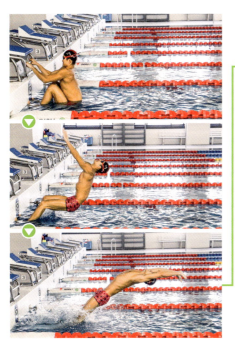 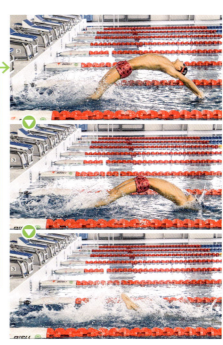

⚠️ フォームのポイント

後ろ向きに飛び出す背泳ぎのスタートでも 1点入水を意識しよう

4種目のなかで唯一水中からスタートする背泳ぎ。後ろ向きに飛び出す特殊な動きになるので、背泳ぎの選手はスタート練習を多めに取り入れておく必要がある。

構えるときは、スタート台のバーを握る。バーの握り方は、手を縦にして横のバーを握るパターンと、手を横にして水平になっているバーを握るパターンの2種類。これは自分が飛び出しやすい握り方でOK。スタートの合図と同時に頭を後ろに勢いよく倒し、手を後ろに振り上げる。この勢いを利用して、指先から入水できるように身体を反らせるのがポイント。しっかり背中を反らせると、水面に背中を打つことなく、指先が入水した場所を身体が通るように1点入水ができるようになる。

下半期のトレーニング

抵抗を受けない スタート動作を学ぶ

Menu 059　入水からバサロキックまでは素早く行おう

難易度　★★★☆☆
時　間　2時間

習得できる技能
- ▶ スピード強化
- ▶ 耐乳酸能力強化
- ▶ 持久力強化
- ▶ フォーム
- ▶ フィジカル
- ▶ ターン&タッチ
- ▶ スタート&浮き上がり

やり方　入水後は身体を水平にしてすぐにバサロキックを打ち始める

背泳ぎのスタートは、どうしても深く入水しがち。だが、入水したらすぐに身体をフラットな状態にする意識を持っておけば、それも防ぐことができる。身体をフラットにしたら、すぐに仰向けの状態でバタフライキックを打とう（バサロキック）。バサロキックは、バタフライのスタートのときと同じように、スタートの勢いを落とさないことが目的。だから進むのではなく、細かく速く、抵抗を少なくして打つのがポイントになる。

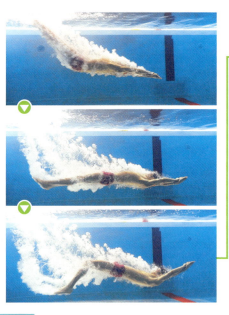 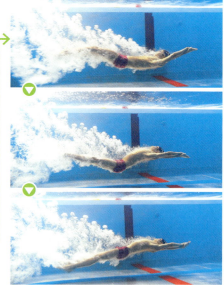

❓ なぜ必要?

バサロキックを使えば泳ぐよりも速いスピードを維持できる

背泳ぎのトップスイマーたちは、バサロキックを15mまで活用することでスピードを上げている。それだけスタート後、ターン後のバサロキックが効果的だということだ。

下半期のトレーニング

水中動作から勢いよく浮き上がる感覚を覚える

ねらい

難易度 ★★★☆☆
時間 2時間

習得できる技能
- スピード強化
▶ 耐乳酸能力強化
- 持久力強化
- フォーム
- フィジカル
- ターン&タッチ
▶ スタート&浮き上がり

Menu 060 力強いひとかきで浮き上がってバサロキックのスピードを泳ぎに生かす

やり方 ▶ バサロキックとキャッチのタイミングを合わせる

浮き上がりのときのひとかき目を行うほうの腕のキャッチと、バサロキックのタイミングを合わせると力強く浮き上がることができる。
写真で言えば、右手のキャッチと最後のバサロキックのタイミングを合わせる。そこで力強く水をかければ、勢いよく飛び出すようにして浮き上がれる。そのままの勢いを利用するようにして、左手のキャッチと左脚のキックのタイミングを合わせてストロークを開始しよう。

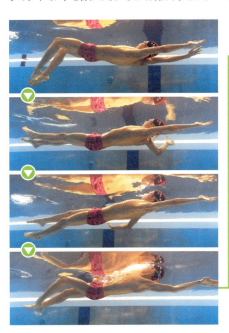

？ なぜ必要？

浮き上がりまでがスタート動作

いくらスタートがうまくても、浮き上がりで泳ぎにその勢いを利用できなければ意味がない。スタートは浮き上がりまでをひとくくりとして考えて練習しよう。

下半期のトレーニング

量は維持しながら調整を整える練習メニュー&背泳ぎのターンのコツを覚える

ねらい

Menu 061 調整期・ロンググループメニュー&素早く身体を下に向けてからターン

難易度	★★★☆☆
時間	2時間

習得できる技能
- スピード強化
- 耐乳酸能力強化
- ▶ 持久力強化
- ストローク&キック
- フィジカル
- ▶ ターン&タッチ
- スタート&浮き上がり

	下半期・調整期 (8・9月)	ロンググループ(400〜1500m)	練習量★★★　練習強度★★
KICK		① 400×2(7:00) Ba or S1、 　100×4(2:00) Des1〜4t	キックの持久力を維持する練習(①〜④)もある程度は必要だが、練習強度は低くても良い。シュノーケルを使用して、姿勢を正して行う練習を取り入れておこう。疲労が蓄積しない程度に、DesやE-Hで練習強度を上げておくのも効果的だ。
		② 200×2(3:30) S1、100×3(2:20)、 　50×4(1:00) Des	
		③ 100×6(2:20) S1 sn、 　25×8(50) Des1〜4t	
		④ 50×12(1:10) S1 Des1〜4t	
PULL		① 400×3(5:30) Fr sn使用可、 　100×6(1:30) Fr	Pull練習は、主に持久力を維持する(①〜③)のを目的に行おう。④はIM選手用の練習だ。基本的には一定のスピードを保って泳ぐようにする。シュノーケルを使用して泳ぎのバランスを図ることもオススメしたい。
		② 200×4(2:50) Fr sn、50×8(1:00) Des/2t	
		③ 100×12(1:40) Des1〜4t	
		④ 50×16(1:00) IMorder/1t	
SWIM		① 100×15(1:40) 1500mのRacePace	①・②はRacePaceの練習である。長水路で行うことで大会で、目標とする記録に設定しやすく、感覚も試合に近づけやすくなる。HRを測定することを忘れずに行おう。③・④は持久力を維持しつつ、スピードを高める練習だ。スタート練習も兼ねてDive練習を入れておこう。
		② 100×1(1:40)+200×1(2:40)+100×1(-) 　400mのRacePace	
		③ 100×4×3(1:40) Des/1s rest(1:00)、 　50×2 Dive	
		④ 50×16(1:00) Even、25×2 Dive	
TOTAL・ 陸トレ		TOTAL距離は、4000〜6000m程度。陸上トレーニングは体幹の補強など筋力の維持を図るようにすること。TRXを利用してもよい。ロンググループの場合は、ウエイトトレーニングは大会の2〜3週間前から行わなくてもOK。	
全体解説		練習量は中程度で、練習強度は低く設定しよう。ロンググループの調整は持久力を保ちながら、調子を合わせていく練習になる。全体的にはヨートやミドルグループの選手よりも、完全に泳がない休息日は少ないほうが泳ぎの感覚が変わらないのでオススメしたい。ただし、調整の根本的な考え方としては、選手個人個人の特性を把握し、その特性に合った練習を行うことが大切なポイント。ショートグループの選手でもある程度泳ぎながらの方が調子を上げやすい選手もいるし、ロンググループの選手でも休みをしっかりとった方が良い選手もいる。それぞれに合った調整の仕方を見つけることが大切なのだ。	

〈練習メニューの組み方例〉
メニューを自分で組んでみよう

Kick	①400m×2回(7:00)Ba or S1、 100m×4回(2:00)Des1〜4回
Pull	③100m×12回(1:40)Des1〜4回ごと
Swim	②100m×1回(1:40)+200m×1回(2:40) +100m×1回(−) 400mのRacePace

解説
この時期のロンググループは、量は維持しつつも質はさほど上げないのがポイント。キックとプルで長めの距離を中心にして持久力維持に努め、スイムではレースペースに取り組んで調整していく。疲れを取ることも大切だが、泳ぎの感覚が悪くならないように、ある程度の量をキックとプルを使って維持するのがロンググループの調整期のコツだ。

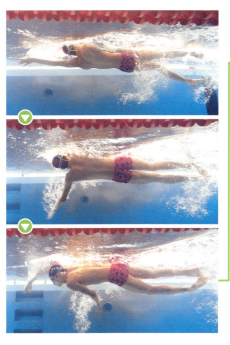 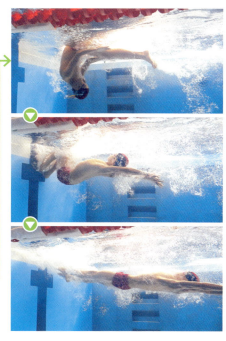

⚠️ フォームのポイント
うつ伏せになるタイミングを合わせてスムーズにターンできるようにしよう

背泳ぎのターンでは、仰向けの状態から一度うつ伏せになってからクイックターンを行う。このうつ伏せになるタイミングを間違えると、壁との距離が近すぎたり遠すぎたりして大きなロスになってしまう。5mフラッグを通過してから、何ストロークしてうつ伏せになれば良いタイミングでターンできるかを練習しておくことが大切だ。

また、うつ伏せになるときは、リカバリーしているほうの腕を顔の前を通すようにすると反転しやすくなる。このタイミングで打つキックは、特に力強く行おう。ターン前に失速すると、それだけターンのスピード自体も、そしてターン後のスピードも遅くなる。

うつ伏せになったら、そのままターン。ここでもうひとかきしてしまうとルール違反で失格になるので注意しよう。

下半期のトレーニング

スムーズにターン動作へ移行できる方法を学ぶ

ねらい

Menu 062 身体をうつ伏せにするタイミングを繰り返し練習して身体に覚え込ませる

難易度 ★★★☆☆
時間 2時間

習得できる技能
- スピード強化
- 耐乳酸能力強化
- ▶ 持久力強化
- フォーム
- フィジカル
- ▶ ターン＆タッチ
- スタート＆浮き上がり

やり方 ▶ 10mからスタートするターン練習を繰り返そう

身体をうつ伏せにするタイミングは、5mフラッグを目安に決めよう。その練習法は、10mくらいからスタートして、全力で泳ぎターンして浮き上がりまで行うターン練習がオススメだ。いくら練習中にタイミングが合っていても、練習時とレース時では泳速が違うので、試合と同じくらいのスピードでターン練習を行わないと、うつ伏せになるタイミングがずれてしまう。

また、うつ伏せになるときに、右側から回るのか、左側から回るのかは決めず、どちら側からでもスムーズにうつ伏せ状態に移行できるように、あえて5mフラッグの通過するタイミングをずらして行うのも効果的だ。

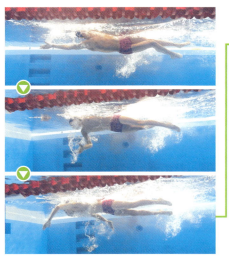
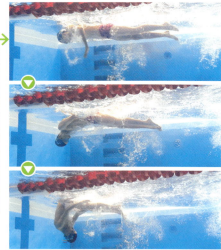

❓ なぜ必要？

疲れたときでもターンのタイミングを合わせるために練習する

レースのとき、特に後半では、疲れてきて思うようなリズムで泳げず、練習通りのタイミングで5mフラッグを通過できない可能性もある。だからこそ、左右どちら側からでもうつ伏せになれるように練習する必要があるのだ。

下半期のトレーニング

ねらい ターンを有効利用してレースに生かす方法を覚える

難易度 ★★★☆☆
時間 2時間

習得できる技能
▶ スピード強化
▶ 耐乳酸能力強化
▶ 持久力強化
▶ フォーム
▶ フィジカル
▶ ターン&タッチ
▶ スタート&浮き上がり

Menu 063 回転したらそのまま上を向いたまま壁を蹴ってバサロキックに移行する

やり方 蹴り出してからのバサロキックはワンテンポ置いてから行う

クイックターンをして壁に脚を着いたら、背泳ぎなのでそのまま上向きの状態で蹴り出そう。クロールのように、壁を蹴り出しながら身体をうつ伏せにするために反転させる必要はないため、クロールよりも蹴り出しまでの動作は素早く行える。
大切なのは、バサロキックを打ち始めるタイミングだ。

壁を蹴ってすぐに打つと、水の抵抗を受けて壁を蹴った勢いを落としてしまう。だから、ストリームラインの姿勢でワンテンポ置いてからキックを打ち始めるのがポイントだ。バサロキックはスタートからの浮き上がりと同様に、細かく速く打つことを意識しよう。

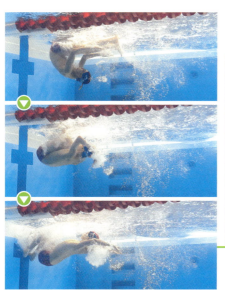
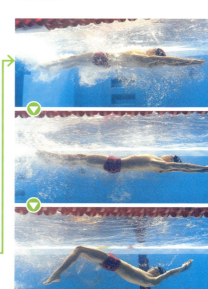

? なぜ必要?

壁を蹴る勢いを使ってバサロキックの効果を高める

蹴り出した勢いは、バサロキックを打って進む泳速や、コンビネーションで泳ぐ速度よりも速い。このスピードを落とさないようにするひとつのポイントが、壁を蹴ってからワンテンポ置くことなのだ。

下半期のトレーニング

ねらい 調子を整えることを第一に考えた練習メニュー＆
効率の良いクロールのキックを覚える

Menu 064 試合期・ショートグループメニュー＆
腰の力を足先に伝えるキック

難易度 ★★★★★
時間 2時間

習得できる技能
▶ スピード強化
▶ 耐乳酸能力強化
▶ 持久力強化
▶ ストローク＆キック
▶ フィジカル
▶ ターン＆タッチ
▶ スタート＆浮き上がり

下半期・試合期 (大会直前・大会中)	ショートグループ (50～100m)	練習量★　練習強度★★
KICK	① 100 × 4 (2:30)、50 × 4 (1:20) Des1～4t ② 50 × 4 × 2　1s (1:10) 　Even　2s (1:30) H-E/25 ③ 25 × 12 (40) (50) (1:00) /4t Speed Play ④ 50 × 8 (1:30) 奇数 Even 偶数 15msprint 　or　15m 潜水 Hard	ショートグループは強いキックを必要とするので、調子を整えながらもスピードを上げる練習（①・②）を行っておこう。③のようにあまり内容を決めず、その時の調子に合わせる練習もオススメ。潜水 Hard や Dive のキック（④）もスピードを上げるためには効果的。フィンなどの道具を使用する場合は、少量で OK。
PULL	① 100 × 4 (2:00) Even、50 × 8 (1:20) 　Speed　Play ② 25 × 8 (50) Des1～4t ③ 50 × 4 × 2　1s (1:10) Form　2s (1:30) 　Des1～4t　rest (30) ④ 50 × 6 (1:10) Even、25 × 4 (1:00) E-H/1t	フォームに気をつけながら、泳ぎの感覚をつかむことに集中して行おう。ショートグループの選手は、特にキャッチで水を捉える感覚を重視すること。ある程度のスピードを出さないと得られない感覚なので、Des や Hard で確認するのがオススメ。
SWIM	① 50 × 4 × 3 (1:00) (1:15) (1:30) /1s 　1sForm　2sDes　3sE-H/1t　rest (1:00) ② 100 × 4 (2:20)、50 × 4 × 2 (1:20)、 　25 × 12 (1:00) Speed　Play ③ 50 × 8 (1:20) 1～4tDes　5～8tE-H/1t、 　25 × 3　Dive ④ 100 × 6 (2:20) Speed　Play、15 × 3　Dive	泳ぎのキレを出す感覚を最大限まで磨くことが大切。調整期から身体は回復し、スピードは上がっているはず。フォームを重視し、力まないようにスピードを上げていこう。Dive 練習（③・④）でスタート技術を最終確認するのも忘れずに。
TOTAL・ 陸トレ	TOTAL 距離は 1500～2000m 程度。陸上トレーニングは、筋力を維持するための補強運動で十分である。TRX は身体のバランスを整えてくれるので使用しても OK。ウエイトトレーニングは必要ない。栄養の補給では、炭水化物の摂取を十分に行うこと。試合でエネルギーになるのは炭水化物だ。また、緊張からストレスもかかる時期なので、ビタミン C を多く摂るように心掛け、睡眠も十分にとること。ショートグループは全力を発揮する場面が多くなるため、多種目に出場する選手は疲労も大きい。大会中はトレーナーによるマッサージやストレッチが有効だ。大会中はクエン酸の摂取も心掛けておこう。	
全体解説	調子を上げることを第一に考え、大会前に疲労が残っている場合は疲労をとることに専念する。練習メニューは事前に決まったことだけを行うのではなく、自分の調子を見ながら練習中に変更するなどの工夫が必要となる時期になる。大会に出場する日の違いなども考慮して調整していこう。大会中の練習はサイクルや距離を決めて行うことが難しい場合が多いので、特にウォーミングアップの時間や練習場所を工夫するのがオススメ。試合会場でのウォーミングアップでは練習道具などの使用も制限されている場合もあるので、大会前の練習でそれを想定して練習することが大事。ショートグループ選手は全力を発揮するレースが多くなるので、大会では各レースが終わるごとにクーリングダウンをしっかり行うこと。時間にするとだいたい 15～20 分間以上、ときおりスプリント練習を入れると乳酸の除去が早くなるので試してみると良いだろう。	

〈練習メニューの組み方例〉
メニューを自分で組んでみよう

```
Kick  ③25m×12回(40)(50)(1:00)/
      4回ずつ　Speed　Play
Pull  ②25m×8回(50)Des1〜4回を繰り返す
Swim  ①50m×4回×3セット(1:00)(1:15)
      (1:30)/1セットずつ　1セット目Form
      2セット目Des　3セット目E-H/
      1回ずつ　セットrest(1:00)
```

解説

夏場の試合期になれば、今まで練習してきたことを信じて、泳ぎの最終調整をするだけ。キックはスピードを上げることを目的にしつつ、調子によっては内容を決めずに行うのもオススメ。プルは特にキャッチの感覚を鋭くすることに集中して行おう。スイムはフォームの確認とスピードを出せるように身体に刺激を与えておく。フォームを整えるには、ある程度のスピードが必要。なので、短い距離のハードとイージーを繰り返すと良い。

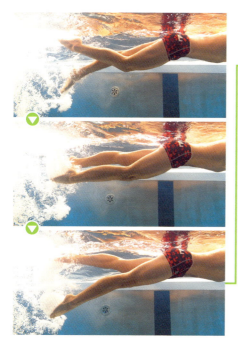
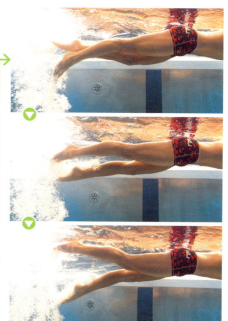

⚠ フォームのポイント

腰にしっかりと力を入れて腰から脚を動かしてキックを打つ

キックでポイントになるのは、腰の力を使うこと。最初に確認したように、しっかりと腰に力が入る姿勢を作っておき、その状態で腰から脚を動かすようにして、腰の力を足先にまで伝えられるように意識しよう。
クロールのキックも、背泳ぎやバタフライと同様にヒザを曲げすぎないように注意。ヒザを曲げてしまうと足先にまで腰の力が伝わらなくなるばかりか、水の抵抗を大きく受けてしまう。ヒザは蹴り下ろすとき、自然としなる程度に任せておき、腰から脚を動かす、ということに意識を集中させてキックを打とう。
また、両足の親指がぶつかるように動かすと、効率良く足の甲でも水を捉えられるので、親指も意識してキックを打ってみよう。

下半期のトレーニング

ねらい　水を後ろに送り出せるキックの感覚を養う

Menu 065　背泳ぎのキックを使ってヒザを曲げすぎない打ち方を覚える

難易度 ★★☆☆☆
段階 第2段階

習得できる技能
- スピード強化
- 耐乳酸能力強化
- 持久力強化
- フォーム
- フィジカル
- ターン&タッチ
- スタート&浮き上がり

やり方　背泳ぎのキックで練習してみよう

クロールのキックのドリルとして、背泳ぎのキックを使うことも多い。理由は2つ。背泳ぎのキックで推進力を生み出すには、ヒザを曲げすぎないことがポイントになるので、クロールのキックにもつながる練習ができる。もうひとつのポイントは、背泳ぎのキックのほうが単純に負荷が高いのでトレーニングとして効果的だということだ。背泳ぎのキックだと、蹴り下ろし、蹴り上げともに脚が水面から出ることなく、ずっと水中で行うことになる。そうすると自然と負荷が高くなる。

負荷も高く、またキックの打ち方の練習としても効果的な背泳ぎキックをドリルとして取り入れてみよう。

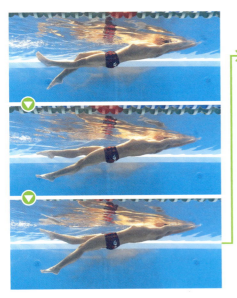 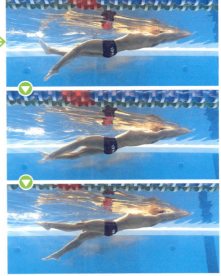

？ なぜ必要？

仰向けのキックは負荷が高くて良いトレーニングになる

うつ伏せで行うキックだけでは足りない負荷を、少ない練習量で補うこともできるのが、背泳ぎキックドリル。練習を効率良く行うためには欠かせないメニューなのだ。

下半期のトレーニング

ねらい
蹴り出しまでを素早く行うターンを身につける

Menu **066** クロールのクイックターンは蹴り出したあとに身体をうつ伏せにする

難易度 ★★☆☆☆
時間 2時間

習得できる技能
▶ スピード強化
▶ 心肺機能力強化
▶ 持久力強化
▶ フォーム
▶ フィジカル
▶ ターン＆タッチ
▶ スタート＆浮き上がり

> **やり方** 10mからスタートするターン練習で
> レーススピードでターンする感覚を身につける

クロールのクイックターンの基本は、まず壁に向かってスピードを上げていくこと。ターンに入るスピードが速ければ速いほど、ターンの回転速度も速くなり、蹴り出す力も大きくなる。だからこそ、最後の2ストロークは意識的に力強く行うのがコツだ。

回転して壁に脚をついたときは、ほぼ仰向けの状態になっているが、このまま蹴り出してしまおう。身体をうつ伏せにするのは、蹴り出したあと、バタフライキックを打つまでの間のストリームラインの姿勢を作っているタイミングでOK。そのほうが無駄なくターン動作を終えることができる。

練習方法は、ほかの種目でも紹介してきた、10mあたりから全力で泳いでターンして浮き上がりまでを行う練習がオススメ。最後のひとかきが右手でも左手でも、同じようなスピードで回れるように練習しておこう。

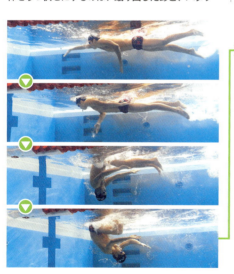
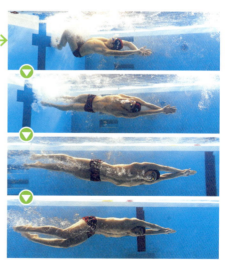

? なぜ必要？

ライバルをリードするための方法としてターンを使う

50m種目以外は、必ず行うターン動作。ここで失速したり、ライバルに差をつけられてしまうともったいない。泳ぎで勝負するためにも、ターンは効率良く行えるように練習しておこう。

下半期のトレーニング

レースで最大限の力を出し切れる練習メニュー＆効率の良いクロールのリカバリーを身につける

ねらい

Menu **067** 試合期・ミドルグループメニュー＆リラックスして行うリカバリー動作

難易度 ★★☆☆☆
時間 2時間

習得できる技能
▶ スピード強化
▶ 耐乳酸能力強化
▶ 持久力強化
▶ ストローク＆キック
▶ フィジカル
▶ ターン＆タッチ
▶ スタート＆浮き上がり

下半期・試合期（大会直前・大会中）	ミドルグループ（100～200m）	練習量★★　練習強度★★	
KICK	① 200×2（4:00）、25×8（1:00）Des1～4t	全体的にはキックの練習量は少なめで良い。スピード練習を入れて、各自で自分の調子の確認をすること。あまり細かい内容は定めず、Speed Playで各自の調子に合わせてスピードを確かめておこう。	
	② 50×8（1:20）S1　Speed　Play		
	③ ［100×2（2:20）+25×2（1:00）］×2 rest なし		
	④ 50×8（1:20）Even-15msprint/1t		
PULL	① 100×6（2:00）Fr、50×6（1:20）S1	S1とFrを組み合わせてS1の泳ぎの確認をするのが主な目的。開催期間の長い大会や、大会と大会の間の期間の練習では、Pullを多めに入れて持久力を維持することもオススメしたい方法だ。	
	② 50×10（1:10）S1-Fr/1t		
	③ ［50×2（1:20）Fr+25×2（1:00）S1］×3 rest なし		
	④ 50×6（1:10）、25×8（1:00）Speed　Play		
SWIM	① 100×4×2（2:00）1sFr　2sS1　Elv（25→100）/1t rest（1:00）	大会前や大会中もある程度泳ぎながら調子を上げるほうが良い選手は、①や②の練習を活用しよう。調子が上がらないときは、S1を無理に泳がなくてもOK。調子は急には上がらないので、決して焦らないことが大切。④のアシストチューブはレーススピードを体感するために良い練習だ。自分を信じて、感覚を大事に練習しよう。	
	② 200×3（3:20）Fr、50×8（1:20）S1 Speed　Play		
	③ 50×6（1:20）、25×8（1:00）Des1～4t、15×3　Dive		
	④ 50×4×2（1:20）Des1～4t rest（1:00）、アシストチューブ×3		
TOTAL・陸トレ	TOTAL距離は2000～3000m程度。陸上トレーニングは、ショートグループと同様に筋力を維持するための補強運動で十分だ。栄養の摂取、睡眠に関しても同様に、炭水化物を中心にしてビタミンC、大会中にはクエン酸を積極的に摂ろう。大会に着用する水着は自分に合ったものを事前にしっかり検討しておくと不安要素がなくなるので、レースペースの練習で試しておくことをオススメしたい。		
全体解説	大会のときにはレースが午前中のときもあれば、午後のときもある。それを事前に調べて、大会前から徐々にその時間に身体が動くように練習をしておくことが最も大切なこと。大会期間中も、自分のレースに合わせて起床や食事の時間を考えて行動するようにしよう。8月・9月にかけては大きな大会が続けて行われる（例インターハイ・夏季JO・国体）。この時期は、連続で大会に出場することも想定して練習する必要がある。たとえば、インターハイと夏季JOの両方で活躍したいときは、8月上旬の練習量などを少し増やす必要があるだろうし、国体を考えると夏季JOが終わったあとに、一度練習強度を上げておかないと持久力が低下しすぎてしまう可能性が出てきてしまう。そういうことを想定して、ミドルグループは練習を組むことが大切だ。		

〈練習メニューの組み方例〉
メニューを自分で組んでみよう

```
Kick  ②50m×8回(1:20)S1  Speed  Play
Pull  ③[50m×2回(1:20)Fr+25m×2回(1:00)
      S1]×3セット　セットrestなし
Swim  ④50m×4回×2セット(1:20)Des1～4回
      セットrest(1:00)、アシストチューブ×3回
```

解説

レースで最大限の力を出せるような準備をするメニューを組むことが大切。そのために、キックとプルで調子や泳ぎの感覚を確認しつつ、ところどころスピードを上げたときの泳ぎや感覚もチェックしておこう。スイムでも、感覚を大事にしてメニューを組んでいく。アシストチューブは、レースのスピードを体感できる良い練習。ぜひ取り組んで感覚を良くするために活用してみよう。

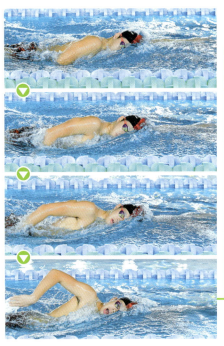
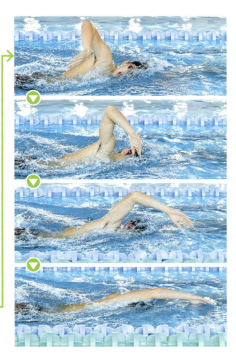

⚠️ フォームのポイント

肩に負担を与えないようにリラックスしてリカバリーをする

リカバリー動作は、単にフィニッシュし終わった手を前に戻す、という作業なのではなく、身体の左右のローリング、反対の手のキャッチ動作を行う際に体重を乗せるような感覚を作り出すのにも役立つ動作だ。

リカバリーはリラックスして行うのが大切。肩に負担をかけないように、ヒジが身体の背中側に行かないように注意して行おう。

このリカバリー動作で腕が身体から離れすぎてしまうと、遠心力で身体が振られてしまい、軸がぶれてしまう。できるだけ身体の近くでリカバリーをするように心掛けると良い。

また、入水後のキャッチ動作にスムーズに移行するために、入水は人差し指から行うのもポイントのひとつ。

下半期のトレーニング

最短距離でリカバリーできる方法を学ぶ

ねらい

Menu **068** フィンガータッチドリルでリラックスしながら身体の近くでリカバリー

難易度 ★★☆☆☆
段階 第3段階

習得できる技能
▶ スピード強化
▶ 耐乳酸能力強化
▶ 持久力強化
▶ フォーム
▶ フィジカル
▶ ターン＆タッチ
▶ スタート＆浮き上がり

やり方　リカバリーの途中で指先で脇を軽くタッチする

リカバリーでは腕をリラックスさせて行うのがポイント。そのためには、ヒジから先は力を入れないで行うほうがオススメだ。

その動きを覚えるためには、フィンガータッチドリルを活用してみよう。リカバリーの途中、指先で軽く脇を触ってから入水させるだけのドリルだ。

ヒジがちょうど肩のあたりにきたときに、ヒジから先がリラックスしていると、このドリルは簡単に行うことができる。自分がリカバリーでヒジから先をリラックスできているかどうかを確認することもできるので、泳ぎに力みがあったり、身体の軸がぶれるような泳ぎをしている場合、その修正にもとても役に立つ。

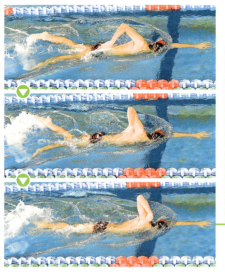 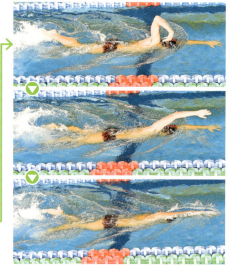

？ なぜ必要？

推進力を生まないから使う力を最小限に抑える

推進力を生まないリカバリーに力を使うのは、もったいない。だからこそリラックスして行うことが大切。力の抜き方を覚えるのに最適なのが、このドリルなのだ。

下半期のトレーニング

道具を使って真っすぐな姿勢で泳ぐ感覚を養う

難易度 ★★☆☆☆
段階 第3段階

習得できる技能
- ▶ スピード強化
- ▶ 耐乳酸能力強化
- ▶ 持久力強化
- ▶ フォーム
- ▶ フィジカル
- ▶ ターン&タッチ
- ▶ スタート&浮き上がり

Menu 069 パラシュートを使った練習で身体を安定させて泳ぐ感覚を身につける

やり方 ▶ パラシュートを使ってある程度スピードを上げて泳ぐ

身体の軸がぶれてしまうようなら、パラシュートを使った練習法を試してみよう。普段パラシュートは、水の抵抗を増やすことで、水中でのパワートレーニングとして活用されることが多い。だが、パラシュートの効果はそれだけではない。パラシュートが水の抵抗を受けて身体を後ろに引っ張る力が生まれるので、身体が左右にぶれにくくなり、普段よりも安定した姿勢で泳ぐことができるのだ。

だから、軸がぶれてしまう泳ぎをしているのなら、パワートレーニングという意味ではなく、軸がぶれないで真っすぐに泳ぐ感覚を養う、という目的でパラシュートを使ってみよう。

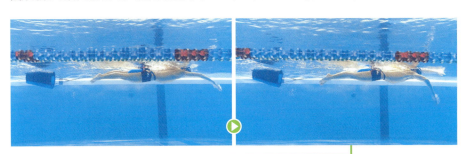

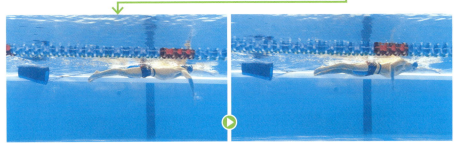

? なぜ必要?

後ろに引っ張られる力が真っすぐに泳ぐ感覚を作ってくれる

クロールは左右交互に手足を動かし、また呼吸動作もやりやすい方に偏りやすいので、実は軸がぶれやすい泳ぎなのだ。パラシュートを使ってみると、驚くほど軸がぶれないで泳ぐことができる。ぜひ試してみよう。

下半期のトレーニング

大会当日のアップにも使える練習メニュー＆クロールの呼吸で軸がぶれない頭の動かし方を覚える

ねらい

難易度	★★☆☆☆
時間	2時間

習得できる技能
- スピード強化
- 耐乳酸能力強化
- ▶ 持久力強化
- ▶ ストローク&キック
- フィジカル
- ターン&タッチ
- スタート&浮き上がり

Menu 070　試合期・ロンググループメニュー＆軸がぶれない呼吸時の首の動かし方

下半期・試合期（大会直前・大会中）	ロンググループ (400〜1500m)	練習量★★　練習強度★
KICK	① 200 × 3（4:00）、50 × 4（1:10） ② 100 × 6（2:00）、50 × 4（1:20） Des ③ 50 × 12（1:20） Speed　Play ④ 100 × 4（2:20）、25 × 8（1:00） Des/2t	持久力の維持と調子を整えるための練習。それほど練習強度を上げることなく、一定のペースで泳ぐことを第一に考えて泳ごう。
PULL	① 400 × 2（6:00）Fr　sn使用可 ② 200 × 3（3:20）Fr、50 × 8（1:10）Speed　Play ③ 100 × 4 × 2（1:45）　Des1〜4t rest（1:00） ④ 50 × 12（1:00）IMorder	持久力の維持を図りながら調子を確かめよう。基本的には一定のペースで泳ぐことが大切。④はIM選手の練習だ。
SWIM	① 200 × 3（3:30）、50 × 8（1:10） ② 100 × 8（1:30）（1:40）/4t ③ 50 × 16（1:10） Des/4t ④ 100 × 4（2:00）、1〜3t（SW/50）1t　4tFr、50 × 8（1:00）IMorder	レースの感覚を重視して行おう。一定のスピードで泳ぐことを心掛けること。ロンググループの選手は、心拍数を計りながら、それと記録を見比べることも調子を図るうえで有効な方法だ。
TOTAL・陸トレ	TOTAL距離は3000〜4000m程度。陸上トレーニングは、ショート・ミドルグループと同様に筋力を維持するための補強運動で十分。栄養の摂取、睡眠に関しても同様に、炭水化物を中心にしてビタミンC、大会中にはクエン酸を積極的に摂ろう。	
全体解説	大会中の練習、特にウォーミングアップで最も工夫を必要とするのが、ロンググループの選手。ロンググループの選手は大会当日のウォーミングアップで、一度レースペースの練習をする選手もいる。最近はペースレーンが用意されている大会もあるが、1コースで泳ぐ人数が多く、思うようにペース練習ができないことが多い。いくら良い練習を積んできたとしても、大会当日のウォーミングアップが不足して本来の実力が発揮できないのは残念なこと。そこで、練習時間を混雑時からずらして行ったり、練習会場がほかに用意されている大会であればそれを利用するなどの工夫をして、大会で練習してきたことの成果を出せるような取り組みを怠らないようにしよう。泳ぐこと自体が厳しい場合もあるので、陸上の補強運動でカバーするなども検討するのも良い方法だ。	

〈練習メニューの組み方例〉
メニューを自分で組んでみよう

```
Kick  ①200m×3回(4:00)、
      50m×4回(1:10)
Pull  ②200m×3回(3:20)Fr、
      50m×8回(1:10)  Speed Play
Swim  ③50m×16回(1:10)  Des/4回ずつ
```

解説

キックとプルは持久力を維持するために長めの距離で、一定のリズムを刻んで泳ぐように心がけよう。スイムでは、レースで泳ぐ感覚を大事に、一定のリズム、スピードを保って泳ぐようにする。心拍数とタイムを一定にするのもひとつの方法だ。これらのメニューは、長距離種目を泳ぐ選手にとっては、試合当日のアップでも活用できる。一定のリズムを刻む感覚を大事にしておくと、試合でも一定のペースを維持できる感覚を養える。

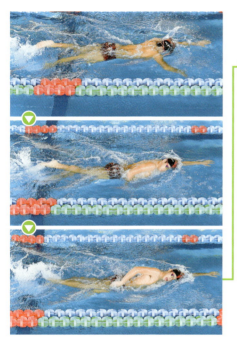

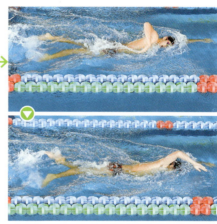

▲頭を前に伸ばしているほうの腕に乗せるようなイメージを持つと、頭の中心が前後左右にぶれることなく、顔だけを横に向ける動きができる。この状態でサイドキックを行ってみるのも、呼吸動作の練習にもなるのでチャレンジしてみよう。

❗ フォームのポイント

呼吸時の首の動かし方で軸がぶれるかぶれないかが決まる

呼吸時の首の動かし方は、クロールにおける軸をぶらさない泳ぎの大きなポイントになる。頭は身体のなかで最も重たい部分。そこが左右にぶれるような動きをしてしまうと、たちまち泳ぎも左右に軸がぶれてしまう。
ポイントは頭の中心軸は動かさず、首を大きく動かすのではなく、顔だけを横に向けるイメージだ。

よくやってしまうのは、頭を持ち上げる動き。これでは首周りにムダな力が入ってしまうばかりか、身体が大きく前後左右に振られてしまう。呼吸は顔を横に向けるだけで、口は水面からしっかり出せる。息を吸う、という意識が強すぎると頭を持ち上げるような動きにつながってしまうので注意しよう。

下半期のトレーニング

ねらい 軸がぶれない泳ぎを体感する

難易度 ★★☆☆☆
段階 第4段階

習得できる技能
- スピード強化
- 耐乳酸能力強化
- ▶ 持久力強化
- ▶ フォーム
- フィジカル
- ターン&タッチ
- スタート&浮き上がり

Menu 071 シュノーケルを活用して軸がぶれない泳ぎ方の感覚を身につける

やり方 シュノーケルをつけて頭を動かさないで泳ぐ

頭を動かさずに泳いだときの感覚、または頭に当たる水の感覚を覚えておくのに最適な練習法が、シュノーケルスイムだ。

競泳用のシュノーケルは、ちょうど頭の中心をパイプが通っているので、中心軸を意識しながら真っす

ぐ頭を左右にぶらさずに泳ぐ練習がしやすくなる。この中心軸が真っすぐな状態で泳ぐ感覚を覚えておくことが大切。そうすると、シュノーケルを外して泳ぎ、呼吸動作で頭が大きくぶれてしまったときに、その違いをすぐに感じ取ることができる。

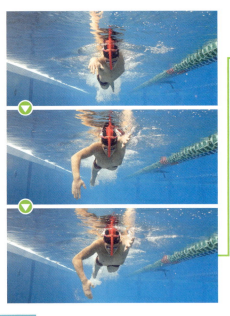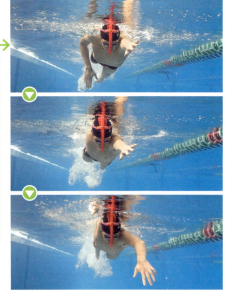

? なぜ必要?

呼吸動作がいらないので左右のバランスが取れる

呼吸動作が右か左かどちらかに偏ることがないので、泳ぎの左右差を修正することにも役立つ。泳ぎのバランスを整えるのにも活用できる練習法だ。

下半期のトレーニング

スピードが落ちない呼吸動作を学ぶ

ねらい

Menu 072 　呼吸動作のポイントは顔を素早く上げて素早く戻す

難易度 ★★☆☆☆
段階　第4段階

習得できる技能
▶ スピード強化
▶ 耐乳酸能力強化
▶ 持久力強化
▶ フォーム
▶ フィジカル
▶ ターン＆タッチ
▶ スタート＆浮き上がり

やり方　左右同じ数だけ呼吸動作を入れる

呼吸動作で大切なのは、頭を大きく動かさないこと。それに加えて、顔を上げて息を吸ったら、素早く戻すことも大きなポイントだ。

顔を上げ続けていると、身体が沈みやすくなるし、泳ぎのリズムも崩れやすくなる。フィニッシュ動作に合わせてローリングし、その身体の傾きを利用して少しだけ顔を横に向けて呼吸する。呼吸をしたら、すぐに顔は元の状態に戻そう。

25mずつ、右側だけ、左側だけを交互に行うのも良いし、3ストロークに1回の呼吸を行えば、左右両方バランス良く呼吸動作を入れて泳ぐことができる。

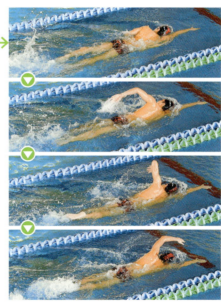

？ なぜ必要？

練習中は泳ぎのバランスを取るために左右同じだけ呼吸しよう

試合のときは、泳ぎやすい、力を出しやすいほうで呼吸をすれば良いが、練習中はなるべく左右バランス良く呼吸を入れて、身体の左右差をなくすように心掛けると良い。

column 2　試合に向けた調整は恐れず自信を持って大胆に行おう

　大きな大会の前には、必ず調整を行います。強化期が終わり、疲労を回復していきながら調子を上げていく時期です。この調整期で身体や泳ぎの調整がうまくいかなければ、いくら強化練習が万全であっても大会で思うような結果を残すことはできません。

　ですから調整期の練習というのは、その日ごとの調子を見ながら、大会に出場するその日までの状態を計算し、細心の注意を払って最善の状態に仕上げていくような、繊細さが要求されます。

　しかし、相反するようですが、大胆さも必要であると考えています。ここでいう大胆さとは、休みをとることを恐れず、しっかり休息をとって身体を回復させることです。そして練習内容も中途半端にするのではなく、思い切って身体を休めるメニューを組み込んだ、強弱のあるメニューにするのです。また、練習タイムよりも選手自身の身体の感覚や、水のフィーリング、そしてフォームの感覚を大切にするのです。

　その不安は休息を取りすぎているのではないかというものが多く、どうしても練習をしてその不安を取り除こうとしてしまいます。

　ただし、調子の合わせ方は個人差があります。たとえば、泳がず休みを十分にとったほうが良い選手もいれば、少しでもプールに入って泳いでいたほうが調子の上がる選手もいます。その見極めには選手の自覚とコーチの経験が生かされます。強化期から、しっかりとコミュニケーションを取り、選手個々の個性を指導者が把握しておくことが大切なのです。

　大胆な調整をするというのは、かなり度胸がいるものです。その度胸は、強化期に十分な練習ができたという自信から生まれてくるのです。度胸をもって大胆な調整ができる自信を持てるように、強化練習を積み重ねていきましょう。

第3章
陸上トレーニング

陸上トレーニングでは、
水中では鍛えられない筋力やパワーを向上させることができる。
正しいフォーム、正しいやり方をすれば効果も倍増。
早速、明日から取り組んでみよう。

陸上トレーニング

身体を温めて泳ぐ準備を整える
体幹トレーニング01

ねらい

Menu 073 腹筋の上部を鍛える腹筋

難易度 ★☆☆☆☆
時間 5分

習得できる技能
▶ スピード強化
▶ 筋持久力強化
▶ 持久力強化
▶ ストリームライン
▶ フィジカル
▶ ターン＆タッチ
▶ スタート＆飛び込み

腹筋

オーソドックスな腹筋で、お腹の上部を鍛えよう。太ももを垂直に持ち上げ、ヒザを90度に曲げて、頭の後ろに組んだ腕のヒジを太ももに近づけるようにして、しっかりと上半身を持ち上げることが大切だ。
注意したいポイントは、脚を動かさないこと。脚をヒジに近づけるようにしてしまうと、腹筋の上部への刺激が少なくなってしまう。下半身は固定したまま、上半身をしっかりと起こすようにして行おう。

やり方

仰向けの状態で頭の後ろで手を組み、太ももが床と垂直になるように脚を持ち上げて、ヒザを90度に曲げる。そこから、下半身は絶対に動かさないようにしながら、上半身を丸めるようなイメージで起こしていく。意識したいのは、腹筋の上部。ちょうどみぞおちあたりのポイントだ。20回を3セットが目安。

陸上トレーニング

身体を温めて泳ぐ準備を整える
体幹トレーニング02

ねらい

Menu 074 腹筋下部を鍛える 脚上げ腹筋

難易度 ★☆☆☆☆
時間 5分

習得できる技能
- スピード強化
- 耐乳酸能力強化
- 持久力強化
- ストローク&キック
- ▶ フィジカル
- ターン&タッチ
- スタート&浮き上がり

脚上げ腹筋

お腹の下部を鍛えられるのが、脚上げ腹筋。キックの強化はもちろん、身体を安定させる体幹を締めるのにも役立ち、さらに腰に力を入れるためにも使う部位だ。仰向けに寝た状態で、脚を伸ばしたままほんの少しだけ持ち上げる。そこから、脚が床と垂直になるまでゆっくりと持ち上げ、またスタートポジションに戻す。これを繰り返す。無理をすると腰に負担がかかってしまうので、腰痛を持っているときは回数を減らすようにしよう。

やり方

仰向けの状態から、脚を伸ばしたまま脚が床と垂直になるくらいまでゆっくりと持ち上げ、またゆっくりと戻す。上半身は動かさないようにして、腹筋の下部、おへそから下の下腹部を意識しながら行おう。手は床に置いて、身体が動かないようにしてもOK。20回、3セットを目安に行おう。

陸上トレーニング

身体を温めて泳ぐ準備を整える
体幹トレーニング03

Menu 075 体側も鍛えられる捻り腹筋

難易度 ★
時間 5分

習得できる技能
▶ フィジカル

捻り腹筋

通常の腹筋に捻りを加えることで、体側も鍛えることができる。捻り腹筋は、脚も同時に動かすと脚の付け根のトレーニングにもなる。
仰向けに寝た状態から、頭の後ろで手を組んだヒジを対角線上に持っていくように上半身を起こしながら、ヒジと反対側のヒザを持ち上げるようにして行おう。
体側は身体を安定させることはもちろん、ローリングで身体を捻るときにも使う筋肉だ。しっかりと鍛え上げておこう。

やり方

上半身は、肩甲骨が浮く程度に軽く持ち上げたままの状態をキープしたまま、左右に身体を捻る。脚も軽く持ち上げた状態を保っておき、右側のヒジを対角線上に持っていくときに、左側のヒザを曲げて持ち上げ、反対も同じように行う。腹筋の左右を意識して行おう。20回を3セットを目安にしよう。

陸上トレーニング

身体を温めて泳ぐ準備を整える
下半身トレーニング01

難易度	★
時間	5分

Menu 076 下半身全体を鍛える スクワット

スクワット

オーソドックスなスクワット。太ももはもちろん、ハムストリングス、大殿筋などの脚の裏側も鍛えられる便利なトレーニングだ。
ポイントは、ヒザをつま先よりも前に出さないこと、そして肩の位置は真っすぐ下ろすようにしてヒザを曲げよう。後ろにあるイスに腰をかけるようなイメージで、少しお尻を突き出すようにして行うと良い。あまり反動を使わず、ゆっくり下ろして、ゆっくり脚を伸ばすようにして行おう。

やり方

脚を肩幅程度に開き、手を頭の後ろで組んで真っすぐな姿勢を作る。そこから、肩の位置を変えずに真下に下ろすようにして、ヒザを曲げる。ヒザはつま先よりも前に出ないように注意して行おう。目線は真っすぐ正面を見つめるようにしておくと、良い姿勢を保ったまま行いやすい。20回3セットを目安に。

▲腰が曲がったり、つま先よりヒザが前に出たりすると、ヒザや腰への負担が高くなり、関節を痛めやすい。スクワットは姿勢を確認しながら行おう。

陸上トレーニング

身体を温めて泳ぐ準備を整える
下半身トレーニング02

ねらい

Menu **077** 瞬発力を鍛える両脚ジャンプ

難易度 ★☆☆☆☆
時　間 5分

習得できる技能
▶ スピード強化
▶ 呼吸筋力強化
▶ キックカUP
▶ ストロークキング
▶ フィジカル
▶ ターン＆タッチ
▶ スタート＆浮き上がり

両脚ジャンプ

両脚で同時にジャンプして、空中でヒザを抱えるようにして行うのが両脚ジャンプ。瞬発力に大切なふくらはぎを中心に、下半身全体のトレーニングだ。
気をつけたいのは、高くジャンプすることよりも、着地。床に足がついたときに、ドン！　と大きな音を立てて着地するのではなく、着地のショックをふくらはぎで吸収するようなイメージで行ってみよう。かなり負荷が高いので、無理はしないように。

やり方

両脚を軽く開き、垂直跳びのように真っすぐ飛び上がる。これを数回繰り返す。飛び上がったら、空中でヒザを身体に引き寄せて抱え込むようにする。連続で飛び上がることで、瞬発力を鍛えられる。回数の目安は10回を3セット。もし10回では負荷が高いと感じるなら、5回でもOKだ。

陸上トレーニング

身体を温めて泳ぐ準備を整える
下半身トレーニング03

ねらい

難易度 ★
時間 5分

習得できる技能
▶ フィジカル

Menu 078 バランスも鍛えられるランジ

ランジ

真っすぐに立った状態から、脚を交互に前に出し、腰を下ろして下半身を鍛えるトレーニングがランジ。太ももやハムストリングス、お尻を鍛えられると同時に、左右のバランス力も鍛えることができる。
意識したいのは、下半身だけではなく、体幹をしっかり締めて、脚を前に出して腰を落としたときに上半身が前後左右にぶれないようにすること。ぐらぐらしてしまうとトレーニング効果も薄れてしまうので注意しよう。

やり方

頭の後ろで手を組み、真っすぐな姿勢を作る。上半身は前後左右に動かさないように真っすぐな状態をキープしながら、片脚を前に出してヒザが90度になるまで曲げる。また真っすぐな姿勢に戻ったら、今度は反対側の脚を前に出してヒザを曲げる。回数は左右それぞれで1回と数えて、20回3セットを目安に。

陸上トレーニング

身体を温めて泳ぐ準備を整える
上半身トレーニング01

ねらい

Menu **079** 上半身を鍛える腕立て伏せ

難易度 ★
時　間 **5分**

習得できる技能
▶ スピード強化
▶ 基礎/走り込み
▶ 筋力強化
▶ ストロークピッチ
▶ **フィジカル**
▶ ターン&タッチ
▶ スタート&浮き上がり

腕立て伏せ

両手を肩幅より少しだけ大きく開いて行う、オーソドックスな腕立て伏せ。大胸筋と上腕三頭筋を中心に、肩周りも鍛えるトレーニングだ。上半身の筋力はストロークのパワーを上げることができるため、スピードアップに役立つ。頭からかかとまでを一直線に保って行うこともポイントのひとつ。体幹を締めておくと、上半身のトレーニングとともに体幹も同時に鍛えることができる。

やり方

手を肩幅より少し広めに開いて床につく。頭から足までを真っすぐな姿勢を維持したまま、腕を90度まで曲げて、戻す。腕の上腕三頭筋、肩周り、そして大胸筋を鍛えるトレーニングだ。お尻が出たり、腰を反ったりしないように注意して、体幹を締めて真っすぐな姿勢を維持して行おう。20回3セットが目安。

▶写真のように肩幅より広めにしておき、ヒジは90度に曲げよう。広すぎても狭すぎても鍛えたいポイントがずれてしまうので気をつけて。

陸上トレーニング

身体を温めて泳ぐ準備を整える
上半身のトレーニング02

難易度 ★★★
時間 5分

Menu 080　体幹の強化も兼ねた腕立て伏せ

片脚上げ腕立て伏せ

上半身を鍛えながら、体幹、そしてお尻やハムストリングスを中心にした足の裏側にも刺激を与えることができるのが、片脚上げ腕立て伏せだ。
身体を支える足が片ほうだけなので、バランスを維持するのが難しくなる。それを安定させるためには、体幹を締めることと、お尻を締めて持ち上げている脚をふらつかないようにさせることがポイントだ。

やり方

やり方は、Menu79の腕立て伏せと基本は同じ。それに加えて、片脚を持ち上げて行うのが、この片脚上げ腕立て伏せ。右脚を上げて20回、左脚を上げて20回と、左右バランス良く行おう。もし負荷が足りないようなら、左右でもう1セット追加して、合計20回を4セット行うと良い。

陸上トレーニング

身体を温めて泳ぐ準備を整える
体幹トレーニング04

ねらい

難易度 ★★
時間 5分

習得できる技能
▶ フィジカル

Menu 081 きれいな姿勢を作れる体幹を鍛える

スタビライゼーション01

エルボートゥー、と呼ばれる姿勢を作り、体幹を締めて真っすぐな姿勢を維持するスタビライゼーショントレーニング。
きれいな姿勢を作るためには、パワーを発揮する腹筋よりも、身体の内側に向かって締めるような力の使い方が必要になる。その感覚を養いつつ、体幹を鍛えることができるのがこのトレーニングの特徴だ。泳ぎに直結するトレーニングなので、泳ぐ前にはぜひやっておきたい。

やり方

うつぶせの状態で、ヒジを90度に曲げてヒジを床につく。足はつま先で床につく。頭から足までが一直線になる姿勢を作り、維持し続ける。姿勢が真っすぐになる、ということが最も大切なポイント。また、姿勢を維持している最中に呼吸は止めないようにしよう。30秒間維持を3セットが目安。

▶ 腰が上がって身体が山なりになったり、腰が反ってしまったりすると、体幹に力が入っていない証拠なので気をつけて行おう。

陸上トレーニング

身体を温めて泳ぐ準備を整える
体幹トレーニング05

難易度 ★★★
時間 5分

習得できる技能
▷スピード強化
▷瞬発筋力強化
▷持久力強化
▷ストローク&キック
▶フィジカル
▷ターン&タッチ
▷スタート&浮き上がり

Menu 082 姿勢を維持する背筋を作る

スタビライゼーション02

Menu81が腹筋側を中心にしたスタビライゼーションで、こちらは背面側を中心に鍛えるスタビライゼーションだ。背中、腰、お尻、ハムストリングスを中心とした、身体の裏側を鍛えることができる。真っすぐな姿勢は、身体の前と後ろから内側に向かって締めるようなイメージを持って、体幹を使うことで作られる。腹筋側のスタビライゼーションとバランス良く、身体の背面側も鍛えておこう。

やり方

仰向けになり、ヒジを90度に曲げて、ヒジを床につける。足側はかかとで支えて、身体をしっかりと持ち上げる。お尻を締めて行うのがコツ。頭も真上を見るようにして、自然な状態を維持しておこう。背中側だけではなく、お腹側にも少し力を入れると、真っすぐな姿勢を維持することができる。30秒を3セットが目安だ。

▶アゴが上がって腰が反りすぎたり、お尻が落ちたりしてしまわないようにしよう。効果がなくなるばかりか、故障につながる可能性もあるので注意しよう。

陸上トレーニング

身体を温めて泳ぐ準備を整える
体幹トレーニング06

ねらい

難易度 ★★★★
時　間 5分

習得できる技能
- スピード強化
- 柔軟性＆ほぐし
- 浮く？沈む
- ストロークスキル
- ▶ フィジカル
- ターン＆タッチ
- スタート＆浮き上がり

Menu **083** 体幹側部を
鍛えるトレーニング

スタビライゼーション03

体幹の側部を鍛えることができる、横向きのスタビライゼーション。ここをしっかりと鍛えておくと、身体が左右にぶれたり曲がったりするのを抑えることができる。特に、クロールや背泳ぎでローリング動作をして身体を捻る動作のときに、最も身体が左右にぶれやすくなる。そのタイミングで身体を安定させられるようにするために、体幹の前側、後側と一緒に体側部も鍛えておこう。

やり方

横を向いた状態で、ヒジを90度に曲げて床につき、頭から足先までが真っすぐになるような姿勢を作る。頭は前後左右に動かさず、自然のまま正面を向いておこう。30秒を3セットが目安だが、姿勢が崩れては意味がないので、自分の体力に合わせて時間を調整しよう。

▶腰が上がりすぎたり下がりすぎたりすると、体側への効果が薄れてしまうので、トレーニングの意味がなくなる。頭から足先まで、真っすぐな姿勢を作るようにしよう。

陸上トレーニング

身体を温めて泳ぐ準備を整える 体幹トレーニング07

ねらい

難易度 ★★★
時間 5分

習得できる技能
▶ フィジカル

Menu 084　体幹全体と身体のバランスを整える

スタビライゼーション04

対角線上の腕と脚を同時に動かして、体幹を締めるスタビライゼーションの効果を得ながら、身体のバランス感覚を養うこともできるトレーニングだ。ほかのスタビライゼーションと同じで、腕脚を動かしても身体が左右にぶれたり、バランスを崩したりしないように、体幹をしっかり締めて行おう。
スタビライゼーションは、鍛える効果もあるが、身体のバランスを整える効果もある。だからこそ、特に泳ぐ前に行っておきたいトレーニングなのだ。

やり方

手を床につき、脚はヒザを90度に曲げて床について四つんばいの状態を作る。そこから対角線上の片腕と片脚を持ち上げる。このとき、指先から足先までが水平になるように。ここからゆっくりヒザとヒジをくっつけて、また戻すことを繰り返す。左右それぞれ20回を2セットずつ行おう。

陸上トレーニング

身体を温めて泳ぐ準備を整える
インナーマッスルトレーニング

難易度 ★☆☆☆☆
時　間 5分

Menu 085 肩のインナーマッスルに刺激を入れる

チューブトレーニング3種類

水泳選手は、ほかのどのスポーツよりも肩を酷使するため、肩の故障も多い。その予防となるのが、チューブを使った肩のインナーマッスルトレーニングだ。チューブは細くて負荷の低いものでOK。3パターンを行い、様々な方向からまんべんなく肩に刺激を入れておこう。特に肩のインナーマッスルトレーニングは、肩を温めて使う準備になるので、泳ぐ前に行っておきたい。

やり方

身体の前でヒジを90度にしてチューブを握り、左右に引っ張るのがひとつ目。ふたつ目は、脚でチューブを軽く踏み、反対側の腕でチューブを軽く持ち上げる。3つ目は、柱などにチューブをくくりつけて、ヒジを90度にしたまま身体の内側に向かってチューブを引く。それぞれ20回ずつ行おう。

▲パターン1

▲パターン2

▲パターン3

陸上トレーニング

身体を温めて泳ぐ準備を整える
道具を使った陸上トレーニング01

ねらい

| 難易度 | ★★★★ |
| 時間 | 5分 |

習得できる技能
▶ スピード強化
▶ 瞬発瞬発力強化
▶ 持久力強化
▶ ストローク&キック
▶ フィジカル
▶ ターン&タッチ
▶ スタートダッシュ力

Menu **086** 身体のバランスと
上半身を鍛える

TRXを使った腕立て伏せ

天井やドアなどに引っかけて使うTRXという道具。これを使うと、普通の腕立て伏せもバランスを取るのが難しくなるので、身体のバランスを鍛えながら上半身を鍛えることができる。道具は自重負荷トレーニングだけでは行えないトレーニングを可能にして、負荷も効果も高めてくれる。もし道具を利用できるのであれば、どんどん積極的に使っていこう。

やり方

腕を伸ばした状態で身体が斜めになるような状態を作り、天井からつるしたTRXを両手で持つ。そのまま、身体が左右にぶれないように体幹を締めつつ、腕立て伏せを行う。腕をしっかり曲げきって行えるのも、TRXを使う効果のひとつだ。20回3セットを目安に行ってみよう。

▲ TRXはコンパクトに持ち運べて、さらに家のドアにつけて使うこともできる便利なトレーニンググッズだ。ぜひ活用してみよう。

上半期のトレーニング
下半期のトレーニング
陸上トレーニング
コンディショニング
チームビルディング
強い選手になるためのメンタル
トレーニングスケジュール

陸上トレーニング

身体を温めて泳ぐ準備を整える
道具を使った陸上トレーニング02

難易度 ★★★★
時間 5分

Menu **087** 腹筋を高い負荷で鍛え上げる

くの字腹筋

TRXを使って、身体を折り曲げて行うくの字腹筋を行ってみよう。身体が安定せず、最初はまずTRXに脚をかけた状態で安定させることも大変かもしれないが、このトレーニングは自重負荷で行う腹筋よりもかなり高い負荷でトレーニングできるので、ぜひチャレンジしてもらいたい。
ただ、腰にも負担は大きいので、痛みがあったり不安があったりする場合は無理をしないように。

やり方

天井からつるしたTRXに脚を入れ、床に手をつく。その状態から、身体がくの字になるように折り曲げて、また戻すことを繰り返す。戻したときに腰が反らないように注意しよう。TRXがない場合は、バランスボールの上に脚を置いて行ってもOK。20回3セットを目標に、最初は10回3セットから始めてみよう。

陸上トレーニング

身体を温めて泳ぐ準備を整える
道具を使った陸上トレーニング03

ねらい

Menu 088 **メディシンボールで上半身を鍛える**

難易度 ★★★
時間 5分

習得できる技能 ▶ フィジカル

チェストパス

メディシンボールを使って、ふたりひと組のペアで行うトレーニング。メディシンボールを使うトレーニングは、メインで鍛えたい部位だけではなく、ボールを投げたり受けたりするために身体全体を使う。そのため、身体をコントロールする力も養うことができる。リズム良く行うこともポイントだ。
最初は軽めのボールを使用して、慣れてきたら徐々に重ためのボールを使っていこう。特にケガには注意して行うこと。

やり方

ふたりひと組になり、胸の前にボールを持ってチェストパスを行って、メディシンボールを投げ合う。胸や腕がメインだが、投げたり受けたりするときに、ボールの重みを受けるために全身を鍛えることができる。ひとり20回を目安にして行おう。負荷はふたりの距離によって調整すると良い。

陸上トレーニング

身体を温めて泳ぐ準備を整える
道具を使った陸上トレーニング04

ねらい

難易度 ★★★
時間 5分

習得できる技能
▶ フィジカル

Menu 089 背筋と瞬発力を鍛える

**オーバーバック
ハンドパス**

メディシンボールを後ろに大きく放り投げるようにして行うトレーニング。背筋力と同時に瞬発力も鍛えることができる。コツは、しっかり身体を深く曲げた状態から、腕だけで後ろに投げるのではなく、ヒザも使って身体が伸び上がるように全身を使って後ろにボールを投げることだ。ボールを下で持っているとき、背中を丸めると腰を痛める原因になる。スクワットと同じような要領で、背中を真っすぐにしてヒザを曲げて行おう。

やり方

メディシンボールを両手で持ち、下から全身を使って後ろに放り投げる。ボールを下に持っているときは、ヒザを曲げてしっかりと腰を落としておこう。そこから、ボールを後ろに投げるときは、ヒザのバネはもちろん、全身を使って伸び上がるようにして行おう。ひとり10回が目安。

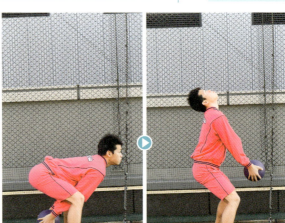

陸上トレーニング

筋力アップでパワーをつける ウエイトトレーニング01

ねらい

難易度 ★★★★
時間 5分

習得できる技能
▶フィジカル

Menu 090　大胸筋のパワーをつける

ベンチプレス

中学生であればウエイトトレーニングは必要ないが、高校生になれば、軽めで良いのでウエイトトレーニングを取り入れておくと、泳ぎのパワーをつけることができる。
まずは基本の大胸筋を中心に鍛えるベンチプレス。重さは、20回を良いフォームで行える重さで行おう。それ以上の重りを使うと、ケガのリスクが高まってしまう。ウエイトトレーニングは良いフォームで行うことと、無理をしないことを守って行おう。

やり方

バーを両手でしっかり握り、胸の下部あたりに向けてゆっくりと下ろし、またゆっくりと持ち上げる。手の幅は肩幅よりも広く、バーを下ろしたときにヒジが90度になるように調整しよう。身体を反ったり曲げたりせず、ベンチにしっかりと背中をくっつけた状態を維持して行おう。20回が目安だ。

▲手首が曲がり、バーを下ろす位置が顔の近くになってしまうと、関節を痛めてしまう原因になるので、注意して。

陸上トレーニング

筋力アップでパワーをつける
ウエイトトレーニング02

ねらい

難易度 ★★★★
時間 5分

習得できる技能
▶フィジカル

Menu 091 下半身のパワーをアップさせる

スクワット

スクワットもウエイトトレーニングで行えば、負荷を高めてパワーアップを図ることができる。ただ、スクワットはフォームを間違えてしまうと、腰の故障を引き起こしてしまうので注意が必要だ。慣れていない場合は、まず鏡などを使って、ウエイトを持たず、自重のスクワットでフォームが間違っていないか、腰に負担がかかるやり方になっていないかどうかを確認してから行おう。

やり方

バーを頭の後ろの肩に担ぐようにして持つ。自重で行うスクワットと同じように、ヒザをつま先より前に出さず、背中を真っすぐにした状態をキープしながら脚を90度まで曲げる。体幹を締めて置かないと、すぐに腰を痛めてしまうので注意して行おう。20回が目安。

陸上トレーニング

筋力アップでパワーをつける
ウエイトトレーニング03

ねらい

Menu **092** 背筋力をアップさせる

難易度 ★★★★
時間 5分

習得できる技能
▶ フィジカル

デッドリフト

背中はなかなか自重ではトレーニングしにくい部分なので、ウエイトトレーニングを活用してパワーをつけていこう。背中を鍛える方法として効果的なのは、デッドリフト。Menu88で紹介したメディシンボールを使ったトレーニングを、ウエイトを使って行う。デッドリフトもスクワットと同様、フォームを間違うと腰を痛めるので、まずは重りを持たず、フォームをチェックしてから行おう。

やり方

両手にウエイトを持ち、スクワットのヒザを曲げた状態を作る。そこからゆっくりと上半身を真っすぐな状態にしていく。ヒザはあまり伸ばさないようにして、腰を落とした状態をキープして行おう。上半身を真っすぐな姿勢にしておくことが大事。そのために、体幹をしっかり締めておこう。20回を目安に。

▲手は片ほうは順手、もう方ほうは逆手でもつと安定して行える。バランスを考えて、順手と逆手を左右で入れ替えながら同じ回数だけ行おう。

▲スタートポジションで背中が曲がってしまうと、腰に負担がかかって故障してしまう。この姿勢は絶対に作らないように注意して。

陸上トレーニング

筋力アップでパワーをつける
ウエイトトレーニング04

ねらい

難易度 ★★★★
時間 5分

習得できる技能
▶スピード強化
▶耐乳酸能力強化
▶持久力強化
▶ストロング&キック
▶フィジカル
▶ターンとピッチ
▶スタート反応速（ピッチ）

Menu 093 広背筋を鍛える

ワンハンドローイング

片手でウエイトを持って広背筋を鍛えられるのが、ワンハンドローイング。あまり故障はしにくいトレーニング方法だが、やり方を間違えると鍛えたい広背筋に刺激が入らなくなるので、やはりウエイトトレーニングはフォームを重視して行おう。

特にウエイトを持ち上げたときに、身体の軸が左右にぶれてしまうと効果が薄れる。また、腕だけで持ち上げても広背筋に効かない。肩甲骨回りの筋肉を使って持ち上げるように意識して行おう。

やり方

ベンチなどに片ほうのヒザと手をつき、もう方ほうの腕でウエイトを持つ。背中は真っすぐな状態にしておく。背中、特に肩甲骨回りの広背筋を意識しながら、ウエイトを持ち上げる。身体を開くようにして行うと、背中を意識しやすくなる。

▲スタートポジションで背中が丸まると腰を痛める原因になる。また、ウエイトを腕だけで持ち上げると背中への効果が薄れるので気をつけよう。

陸上トレーニング

筋力アップでパワーをつける
ウエイトトレーニング05

ねらい

難易度 ★★★
時間 5分

習得できる技能
▶スピード強化
▶筋持久力強化
▶推進力強化
▶ストローク&キック
▶フィジカル
▶ターン&タッチ
▶スタート&飛び込み

Menu 094 上腕二頭筋を鍛えて
パワーをつける

アームカール

上腕二頭筋を鍛えるアームカールも、ウエイトを使うと効果的。腕立て伏せで鍛えられる腕の部位は、腕の裏側になる上腕三頭筋。意外と腕の前側である上腕二頭筋を鍛える自重トレーニングは少ないので、ぜひ軽いウエイトで構わないので、取り組んでもらいたい方法だ。腕を曲げるとき、上半身を反らせると背筋力も使ってしまうので、上腕二頭筋への刺激が少なくなる。姿勢は真っすぐのままで行うのがポイントだ。

やり方

真っすぐな姿勢で立ち、両手でウエイト、もしくはバーを握る。そのまま、上半身を前後左右にぶらすことなく、ゆっくりと腕を曲げきる。90度で腕を止めるのではなく、ウエイトが胸に近づくまで、しっかりと曲げきることがポイントだ。

▲背中が丸まり、さらにヒジを曲げてウエイトを持ち上げていないと効果はない。姿勢と腕を曲げきることに気をつけて行おう。

column 3 本を読んで身につく国語力は感覚や意志を伝える言葉の力となる

　日大豊山では「文武両道」を教育方針としています。もちろん、水泳部でもその方針に従って活動しています。水泳部には、成績の優秀な生徒が多数在籍しています。これまでに全国大会に出場したメンバーのほとんどが、学年でも上位の成績をおさめています。大学進学やその先の人生を考えた場合、学習にしっかり取り組むことの重要性は当然のことであって、あらためて説明する必要はないかも知れません。

　学習能力が高いことは、水泳に対する取り組みにも生かされます。学習することで教養や見識が高まることはもちろん、高い思考力が身につき、水泳に対する見方や取り組み方に深みがでます。同じ練習であっても、その理由を理解して取り組んでいる場合と、何も考えずにやらされているのとでは、結果を見れば大きな差になります。

　また、スポーツの動きというのは感覚的なものですから、その感覚を指導者に伝えるための言語能力が高いと、指導者と選手のコミュニケーションがスムーズになります。

　また、「水泳に取り組む意味」というのが明確になっているかどうかで、練習の苦しい場面や、故障などの問題に直面したときの対応に差が出ます。水泳に取り組む意味を考えるということは、水泳に対する考察を深めることです。その際、水泳や人生に対する解釈が必要になるわけですが、その解釈は言語によって行われます。豊かな言語能力を身につける重要性はここにあります。

　つまり、国語力の高さが水泳や人生を考える力になるのです。ここでいう国語力とは、読解力です。読解力は、本を読むこと＝読書によって鍛えられます。たくさんの本を読むことで国語力が向上し、物事を解釈する力も高まります。当然、数学や英語も国語によって考えていますので、国語の成績が良い生徒はたいていほかの教科の成績も良いものです。

第4章
コンディショニング

疲労が蓄積すると、故障にもつながる可能性がある。
その日の疲れは、その日のうちに。
自分でできるセルフケアを行って、
積極的にコンディショニングにも取り組んでいこう。

コンディショニング

身体の疲労回復を促進させるストレッチ01

Menu 095 腹筋を伸ばすストレッチ

難易度 ★☆☆☆☆
時間 1分～1分30秒

習得できる技能
▶ スピード強化
▶ 耐乳酸能力強化
▶ 持久力強化
▶ ストローク&キック
▶ フィジカル
▶ ターン&タッチ
▶ スタート&浮き上がり

ケアで使いたいストレッチ01

腕や脚を伸ばすストレッチをしているのに、体幹部分のストレッチを忘れることが多い。きれいなストリームラインを作るためには、体幹、特に腹筋の力を使っているので、腹筋もしっかりとストレッチしてケアしておこう。
あまり腰を反りすぎると、腰への負担が増えてしまうので、腰を反らせるというよりは、頭を斜め上に出すようなイメージで、お腹をしっかりと伸ばそう。

やり方

うつぶせの状態から、腰部は床につけたまま、上半身を反らせる。みぞおちからおへそのあたりまで、しっかりと伸びている感覚を感じながら行おう。ゆっくり、呼吸を止めずに1回30秒から1分くらいを目安に。

コンディショニング

ねらい 身体の疲労回復を促進させる ストレッチ02

Menu **096** 体幹側部と腰部をストレッチ

難易度 ★☆☆☆☆
時間 30秒〜1分

習得できる技能
▶ スピード強化
▶ 耐乳酸能力強化
▶ 持久力強化
▶ ストローク&キック
▶ フィジカル
▶ ターン&タッチ
▶ スタート&浮き上がり

体幹捻りストレッチ

腹筋側をストレッチしたら、同じように腰部、合わせて体幹側部もストレッチしておこう。腰に痛みがある場合は、あまり強く捻ると痛みが大きくなってしまう可能性があるので、必ず気持ちよいところで止めて行おう。
コツは呼吸を止めないこと。ストレッチはこわばった筋肉を伸ばし、血流を良くすることで疲労物質を取り除く。その働きは酸素も必要。浅く呼吸するよりは、深くゆっくり呼吸しながら、じっくりストレッチしよう。

やり方

長座の姿勢で座り、片ほうの脚のヒザを立てて、伸ばしているほうの脚の反対側に交差させるようにする。ヒザを立てたほうとは反対側の腕を使って、上半身をゆっくりと捻る。左右バランス良く、片ほうを30秒から1分くらいゆっくりとストレッチする。

コンディショニング

身体の疲労回復を促進させるストレッチ03

ねらい

Menu **097** 腸腰筋と股関節をストレッチ

難易度	★☆☆☆☆
時 間	30秒～1分

習得できる技能
▶ スピード強化
▶ 耐乳酸能力強化
▶ 持久力強化
▶ ストローク＆キック
▶ フィジカル
▶ ターン＆タッチ
▶ スタート＆浮き上がり

ヒザを立てて前後開脚

キックで使う部分が、股関節。股関節回りには細かい筋肉が集結していて、じっくりと伸ばしておくと下半身の疲労が取れやすい。そのなかでも、脚の付け根と股関節を結ぶ前側にある腸腰筋は、キックで特に使っている部分。ここは特にしっかりと伸ばしておこう。
身体を前後に倒すと腸腰筋が伸びにくくなるので、上半身は床と垂直な状態にしておくのがポイント。もちろん、呼吸は止めずに行おう。

やり方

脚を前後に開き、後側のヒザを床につけ、前側のヒザが90度になるくらいまでゆっくりと身体を沈めていく。股関節、特に脚の付け根の前側が伸びているかどうかを確認しながら行おう。もし股関節が柔らかいなら、前側の脚を伸ばすと良い。時間は30秒から1分を目安に。

コンディショニング

身体の疲労回復を促進させる
ストレッチ04

ねらい

Menu **098** キックで使う太ももを伸ばす

難易度	★☆☆☆☆
時間	30秒〜1分

習得できる技能
▶ スピード強化
▶ 耐乳酸能力強化
▶ 持久力強化
▶ ストローク&キック
▶ フィジカル
▶ ターン&タッチ
▶ スタート&浮き上がり

大腿四頭筋ストレッチ

股関節もそうだが、キックでは大腿四頭筋、つまり太ももも多用する。太ももはキックだけではなく、スタートやターンでも使う部位なので、しっかりストレッチして疲労を取り除いておこう。
立った状態でもこのストレッチは立った状態でも行えるが、そうすると片脚立ちでバランスを取らないといけないので、ストレッチに集中できない。仰向けに寝た状態で行ったほうが、太もものストレッチだけに集中してできるのでオススメだ。

やり方

仰向けに寝て、片ほうの脚を曲げるだけ。足の位置は、お尻の下よりも横にすると、ストレッチ効果が上がる。もし身体が硬いなら、曲げているほうのヒザが床から離れても、太もも全体がストレッチされていればOK。30秒から1分を目安に行おう。

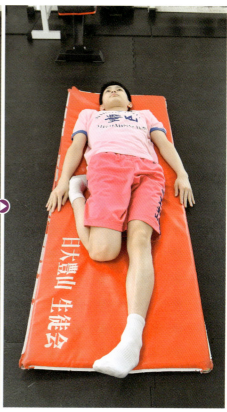

コンディショニング

身体の疲労回復を促進させる ストレッチ05

ねらい

Menu **099** ふくらはぎとアキレス腱を伸ばす

難易度 ★☆☆☆☆
時間 30秒〜1分

習得できる技能
▶ スピード強化
▶ 耐乳酸能力強化
▶ 持久力強化
▶ ストローク&キック
▶ フィジカル
▶ ターン&タッチ
▶ スタート&浮き上がり

ふくらはぎの ストレッチ2種

壁を蹴るときに使う、瞬発力の要となる部位が、ふくらはぎやアキレス腱だ。スタートやターンで壁を蹴る回数が多い練習中だからこそ、疲労が溜まりやすい部位でもある。だからこそ、しっかりストレッチして筋を伸ばしておくことはとても大切だ。ひとつは、座った状態でアキレス腱とふくらはぎをじっくり伸ばす方法。もうひとつは、ふくらはぎだけではなく、脚の裏側全体もストレッチできる方法。両方行っておくことをオススメしたい。

やり方

ひとつ目の方法は、座った状態で片ほうのヒザを立て、そちらに体重を預けてふくらはぎとアキレス腱をストレッチする。もうひとつの方法は、長座で座り、片ほうのヒザを曲げ、もう片ほうの脚は伸ばしたままにしておく。伸ばしたほうの脚のつま先を手前側に引っ張って、ふくらはぎを伸ばす。それぞれ30秒〜1分程度、呼吸を止めずに行おう。

コンディショニング

身体の疲労回復を促進させるストレッチ06
(ねらい)

Menu 100 ストロークで使う上腕三頭筋を伸ばす

難易度 ★☆☆☆☆
時間 30秒～1分

習得できる技能
▶ スピード強化
▶ 耐乳酸能力強化
▶ 持久力強化
▶ ストローク&キック
▶ フィジカル
▶ ターン&タッチ
▶ スタート&浮き上がり

上腕三頭筋ストレッチ

4泳法すべてのストロークで使う部位が、腕の裏側にあたる上腕三頭筋。練習中、ここが良く張ることが多いのではないだろうか。それだけ酷使している部分でもある。また、大腿四頭筋や広背筋、大胸筋といった大きな筋肉ではなく、非常に小さな筋肉なので、それだけ疲労も溜まりやすい。練習後にケアで行うのはもちろん、練習中にも軽めにこの部位はストレッチしておくと良い。

やり方

頭の後ろに腕を回し、反対側の手で頭の後ろに回したほうの腕のヒジをつかむ。そして、ヒジを掴んだ腕の方向にゆっくりと引っ張る。注意したいのは、このときに頭や上半身も一緒に倒れないこと。伸ばしたい腕の裏側、上腕三頭筋がしっかり伸びているかどうかを感じ取りながら行おう。30秒から1分が目安。

コンディショニング

身体の疲労回復を促進させる
ストレッチ07

Menu 101 故障が多い肩の筋肉を伸ばす

難易度 ★☆☆☆☆
時間 30秒〜1分

習得できる技能
▶ スピード強化
▶ 耐乳酸能力強化
▶ 持久力強化
▶ ストローク&キック
▶ フィジカル
▶ ターン&タッチ
▶ スタート&浮き上がり

三角筋ストレッチ

肩の外側にある三角筋。ここもストロークを行えば、腕を回すときに自然と使う場所なので、水泳選手は非常に酷使する部位だ。また、ここは故障も多い場所でもあるので、入念に練習後、練習中にもストレッチしてケアを怠らないようにしよう。
やり方として紹介している方法は、座った状態でリラックスして行うものだが、立った状態、水中でも同じように行うことができる。何度も肩を回す水泳だからこそ、日頃から肩周りは常にケアをする意識を持っておこう。

やり方

体育座りの状態になり、片ほうの腕を身体と太ももの間に挟み、身体をグッと太ももに寄せることで三角筋を伸ばす。座ってやらずに、立った状態でやる場合は、片ほうの腕で、もう片ほうの伸ばしたい側の腕を胸に向かって引き寄せると良い。30秒から1分を目安に、左右バランス良く行っておこう。

コンディショニング

身体の疲労回復を促進させる
ストレッチ08

ねらい

Menu 102 脇の下から胸まで
しっかり伸ばす

難易度 ★☆☆☆☆
時間 30秒～1分

習得できる技能
▷ スピード強化
▷ 耐乳酸能力強化
▷ 持久力強化
▷ ストローク&キック
▶ フィジカル
▷ ターン&タッチ
▷ スタート&浮き上がり

壁に手をついてストレッチ

肩周り、胸、脇の下まで幅広く伸ばすことができるのが、壁に手をついて行うストレッチ。脇の下は、キャッチで水を抑えるときに良く使っており、気づかないうちに疲労が溜まっている部分でもある。このストレッチで、広背筋と合わせて伸ばしてケアできる。
また、頭の位置を変えるだけで、ストレッチできる部位を変えることができ、さらに理想的なストリームラインを作るための肩の柔軟性を作るのにも役立つ。

やり方

少し壁に離れた位置に立ってから、壁に手をつき、顔を壁に近づけることで、脇の下や胸、広背筋などの背中までストレッチすることができる。また、下を向くようにして頭を入れると、肩関節の柔軟性を高められるのと同時に、首回りのストレッチにもなる。30秒から1分を目安に行おう。

コンディショニング

練習前に行いたい ダイナミックストレッチ3種類

ねらい

Menu 103 関節を動かして身体を温める

難易度 ★★★★★
時間 5分

習得できる技能
▶ スピード強化
▶ 耐乳酸能力強化
▶ 持久力強化
▶ ストローク&キック
▶ フィジカル
▶ ターン&タッチ
▶ スタート&浮き上がり

ダイナミックストレッチ3種

軽く筋肉を伸ばしながら身体を温めることができるのが、ダイナミックストレッチだ。泳ぐ前によく使う肩関節、股関節回りを重点的に動かして、関節の可動域を広げて温めて、トレーニングできる身体の準備を整えよう。
また、手足を大きく振る運動になるので、身体のバランス感覚を養うのにも役立つ。注意したいのは、適当にやっても意味がない、ということ。どこの関節を動かして、どの筋肉に刺激を入れているのか。それを意識しながら行おう。

やり方

ひとつは、手足を交差させるようにして、対角線上の腕と脚を前後に大きく振ろう。股関節と肩関節、そして片脚立ちになるのでバランス感覚も養える。ふたつ目は壁に手をついて、脚を伸ばしたまま左右に大きく振ろう。股関節の動きを良くできる。3つ目は、腕を大きく横に振る。頭の後ろのほうに腕を持っていき、上腕三頭筋や肩周りの動きを良くする効果がある。

コンディショニング

ふたりひと組で効果がアップ
パートナーストレッチ

ねらい

Menu 104　肩周りと背中をしっかり伸ばしておこう

難易度 ★★☆☆☆
時間 5分

習得できる技能
- スピード強化
- 耐乳酸能力強化
- 持久力強化
- ストローク&キック
- ▶ フィジカル
- ターン&タッチ
- スタート&浮き上がり

パートナーストレッチ2種

ストレッチはひとりで行える、簡単なセルフケアの方法だが、パートナーとふたりひと組になって行っても、効果がアップする。ここでは、特に水泳で使って疲労が溜まりやすい肩、胸、肩甲骨回りの部位をしっかりとストレッチできる方法を紹介しよう。

ポイントは、あまり力を入れすぎないこと。お互いに体重をうまく使うと効果的なストレッチになるが、力を入れて引っ張ったり押したりしてしまうと、逆効果。あくまでケアをするためのストレッチだということを頭に入れて行おう。

やり方

ひとつは、肩甲骨回りの背中をしっかり伸ばせる方法。同じほうの手（右手なら右手同士）を握り合い、腰を落としてゆっくり引っ張り合う。ふたつ目は、同じような腕の手からヒジまでをお互いにくっつけて、胸や肩周りをストレッチをする。

コンディショニング

栄養の基礎を知って身体の調子を整えよう
(ねらい)

Menu 105　日々の練習を頑張るためにも栄養素を考えた食事を摂ろう

1	**糖質**（炭水化物）	糖質（炭水化物）は身体を動かすためのエネルギー源。車が走るために必要なガソリンと同じようなもの。炭水化物の基本は、ご飯。麺類も同じ働きをしてくれる。
2	**脂質**	脂質も身体を動かすためのエネルギーのひとつ。脂質は糖質に比べて消費速度が遅いので、摂りすぎてエネルギーとして使われなかった脂質は、脂肪として身体に蓄えられる。
3	**タンパク質**	身体（筋肉）を作る栄養素。トレーニングによってダメージを受けた筋肉を修復する働きも持っている。つまり、日々厳しいトレーニングで身体を鍛え続けるアスリートにとっては必要不可欠な栄養素なのだ。
4	**ビタミン**	身体の調子を整える働きをしてくれる栄養素。ただ、ビタミン類だけを摂取しても、身体の調子が整うわけではない。タンパク質や糖質と一緒に摂ることでその効果を発揮してくれるのだ。
5	**ミネラル**	ビタミンと同じく、身体の調子を整える役割を果たしてくれる。特に、体中に酸素を運んだり、筋肉の疲労物質を除去する働きをしたりしてくれる血液を作る鉄分（特にヘム鉄）は意識して摂取してほしいミネラル分だ。
6	**水分**	言わずもがな、トレーニング中の水分補給は必須。体重の2％の水分が失われると、運動能力は下がると言われている。のどが渇いたから飲むのではなく、練習中は常に気がついたら少しずつ水分補給するように心掛けよう。

食事をメインに考えて補助としてサプリメントを使おう

　身体の成長期でもある高校生は、ただ練習を頑張るだけではなく、身体が強くなる、大きくなるために必要な栄養もしっかり摂取しておくことが大切だ。特にスポーツに取り組んでいるなら、自分の身体が成長するために必要な栄養素に加え、練習するために必要なエネルギーも必要になる。そのエネルギーが枯渇してしまうと、練習を頑張れなくなったり、疲れやすくなったりするだけではなく、故障や病気につながってしまう。日々の練習を頑張る、そして試合で練習してきた成果を出すためにも、自分たちにとってどういう栄養素が必要なのかを知り、食事にも気を使おう。

　まずは、主要の栄養素が身体にとってどういう働きをしているのかを知っておこう。

日大豊山流
栄養補給の考え方

　トレーニングと同じく、競泳選手として重要な要素が栄養。まずは、たくさん食べること。これが第一だと日大豊山では教えている。朝に練習をして、授業を受け、また夜に練習する。これだけ身体を動かす選手だからこそ、エネルギーが枯渇してしまうと、練習を頑張ることができなくなる。練習をこなせなければ、目標を達成することもできなくなってしまう。まずは、練習を頑張るためのエネルギーを蓄えるためにも、1日に補食も合わせて5、6食を食べるのが理想だ。

　ただし、いくら食事をしっかり摂っていたとしても、枯渇しやすい栄養素が2つある。1つはタンパク質。もうひとつは鉄分だ。食事では補いきれない栄養素を摂るために使うのが、サプリメント。

　筋肉を作ったり身体の成長を促したりしてくれるタンパク質は、成長期にある高校生が激しい運動をすればするほど必要になってくる。だが、食事で摂れる量は限られているので、サプリメントを活用しよう。代表例は、プロテイン。トレーニングでダメージを受けた筋肉を修復するためにも使うタンパク質は、練習や陸上トレーニング後、できるだけ早く摂取したい。そういうときに、プロテインはとても便利なので、ぜひ活用してみよう。

　鉄分は、意外と感じる人も多いかもしれない。だが、身体の疲労物質を取り除いたり、筋肉を動かしたりするために必要な酸素を体中に運搬するのは、血液。その血液を作り、栄養を体中に行き渡らせる働きを促進してくれるからこそ、鉄分は意識して摂取しておきたい栄養素なのである。

　まずはしっかりと食事を摂ること。練習後に簡単に食べられるおにぎりやパンなどの補食を用意すること。そして、足りない栄養素はサプリメントで補うことが大切。食べるということは『練習のひとつである』という認識を持つことが、強くなる選手の大事な要素でもあるのだ。

コンディショニング

4つのトレーニング期に分けて栄養素の摂取の仕方を考える

ねらい

Menu 106 量的強化期・質的強化期・調整期・試合期
それぞれの期で重点的に摂りたい栄養素

時期によって重点的に摂りたい栄養素を確認しよう

メニューを紹介してきたように、水泳のトレーニングは量的強化期・質的強化期・調整期・試合期の4つに分けることができる。それぞれの期において、重点的に摂りたい栄養素を知っておこう。

たとえば、量的強化期は、練習量が多いのでたくさんのエネルギーが必要になる。だが、練習量が少なくなる調整期や試合期に、量的強化期と同じ分だけエネルギーを摂ると余ってしまう。こうして期によって、エネルギーを中心に補給すべきなのか、それとも病気にならないように身体の調子を整えるようにビタミンやミネラルを注意して摂るようにするのか。それらを考えて実践していくことで、トレーニング効果はさらにアップするのだ。

サンプル 1　質的強化期に重点的に摂っておきたい栄養素

1 ≫ エネルギー（糖質）
2 ≫ タンパク質
3 ≫ ビタミン・ミネラル

練習量が多いこの時期には、最初から最後まで身体を動かせるエネルギーをたくさん蓄えておく必要がある。そのため、この時期にはエネルギー源となる糖質（タンパク質）を多めに摂るように心掛けよう。基本の3食ではご飯や麺類は必ず摂り、練習後にもおにぎりやパンなどで、エネルギー源を補給しておくことが大切なポイントになる。

サンプル 2　質的強化期に重点的に摂っておきたい栄養素

1. ≫ タンパク質
2. ≫ エネルギー（糖質）
3. ≫ ビタミン・ミネラル

　練習量も多いが、練習強度も上がるこの時期は、身体のダメージがとても大きくなる。エネルギー源となる炭水化物を摂ることは基本だが、そこに筋肉を作ったり修復したりするために必要なタンパク質を意識して摂るように心掛けよう。また、タンパク質を効率よく身体に浸透させるために、ビタミンやミネラルも合わせて摂取しよう。疲れから体調を崩しやすくもなる時期なので、すべての栄養素をたくさん摂ることを心掛けよう。

サンプル 3　調整期に重点的に摂っておきたい栄養素

1. ≫ エネルギー（糖質）
2. ≫ ビタミン・ミネラル
3. ≫ タンパク質

　練習量が徐々に減っていく調整期は、あまり過剰なエネルギーを蓄えてしまうと余ってしまう。余ったエネルギーは脂肪となってしまうので、体重が増えることにもなりかねない。そこで、調整期には量的・質的強化期よりも少し落としつつ、身体の調子を整えるビタミン・ミネラル、そして筋肉の修復を手伝うタンパク質を意識して摂るようにしよう。

サンプル 4　試合期に重点的に摂っておきたい栄養素

1. ≫ エネルギー（糖質）
2. ≫ ビタミン・ミネラル
3. ≫ タンパク質

　この時期は体調を崩し、病気になってしまうことがいちばん怖い。体調管理のためにも、身体の調子を整えてくれるビタミンやミネラルを意識して摂るようにしよう。特に鉄分の摂取には十分に気をつけてほしい。
　エネルギーやタンパク質は、過剰摂取すると脂肪に変わってしまうので、食べる量にも注意しよう。調整期と試合期は、最も量に気をつけ、そして栄養バランスを考えて食事を摂るようにしよう。

column 4

自分の感情や行為の結果にとらわれず『為すべきことを為せ』

　私の座右の銘は、『為すべきことを為せ』です。この言葉は、インド哲学の中心的な考え方を示した「バガヴァッド・ギーター」におさめられています。バガヴァッド・ギーターとは、神の詩、という意味です。古代インドで神の化身であるクリシュナが、弓の使い手である戦士アルジュナに真実を教える話です。アルジュナは、戦いで人をあやめることに心を痛め、戦士としての役割を放棄しようとしました。対してクリシュナは、アルジュナに戦士として定められた行為に従事することを説くのです。それがアルジュナの使命だからです。

　人生に起きる出来事や、世の中のすべての物事を善悪で正しく判断することは、大変難しいことです。それにとらわれるのではなく、この人生で自分に与えられた役割は何なのか、ということを自分で見極め、そのつとめを果たすことが重要である、ということなのです。

　誰でも好きなことや嫌いなことはありますし、自分の行動が引き起こす結果が気になるのは当然のことです。しかし、インド哲学では、感情や結果によって一喜一憂することなく、自分に与えられた役割を果たすことが、人生において重要なことである、と教えてくれているのです。

　競泳は毎年大きな大会が行われ、選手たちはもちろん私たち指導者もそこでの結果が問われます。常に良い結果を残せるわけではありません。私も今まで良いときもありましたし、悪いときもありました。それは、日常生活やどんな仕事であっても同様です。どんなに一所懸命取り組んでいても、うまくいかないことのほうが多いくらいです。それでも、私が踏ん張り、頑張り続けられるのは、今、自分が『為すべきことを為す』ことが大事だと学んだからです。自分が果たすべきことは、結果を残すことだけではなく、取り組む行為そのものにあることを教えてくれているのです。

第 5 章
チームビルディング

強い選手には理由があるように、
強いチームにも理由がある。
チームの心をひとつにまとめ、皆で戦っていく。
そんなチーム作りが、選手個々の力をつけることにもつながるのだ。

チームビルディング

上を目指す集合体になるための
チームビルディングを学ぶ

Menu 107　チーム一丸となって目標達成に向かう意味

▶ ひとりでは立ち向かえない困難にも
　チームで取り組むから頑張れる

　『チームビルディング』という言葉を知っているだろうか。チームのメンバーがそれぞれの能力を生かしながら、チーム一丸となって目標達成を目指す組織、またはその組織作りのことだ。

　水泳は個人競技だが、チームとしての意識が高まることで、一人で頑張るよりも自分の力を発揮することができる。練習では声を出し合うことで、ひとりでは乗り越えられない厳しい練習にも立ち向かうことができる。大会では、仲間が良い結果を出せば、チームの士気も上がる。

　同じクラブで培った人間関係は、卒業後、競技を引退したあともつながっていく。卒業後は泳力や学力などは関係なく、大人として仕事等の面でつながりを持てる。チームビルディングで培うチーム意識は、競技にとっても、そして競技から離れたあとの人生においても大切なものとなるのだ。

感謝と尊敬の気持ちを忘れないことが自分とチームを強くする

　チームビルディングの基礎として、日大豊山が教え込んでいることがある。それは『人とのつながりを大切にする』こと。そして『感謝の気持ちを忘れず、礼を尽くし、相手を思いやる』ことだ。

　現在、日大豊山の水泳部には、中学と高校を合わせて200人規模の生徒が在籍している。泳力は問わず、やる気さえあれば誰でも入部することができるため、全国大会で優勝する選手もいれば、水泳を始めたばかりの選手もいる。大きなレベルの差はあるかもしれないが、それぞれが目標を持って、水泳部の一員としての誇りを持って頑張っている。だから、途中で退部する選手はほぼいない。

　泳力などは関係なく、選手同士が尊敬し合い、相手を思いやる気持ちを持っているから、自分も頑張れるし、その姿を見た仲間は、自分も頑張ろうと思える。そうやって自分をお互いに高め合えるチームだからこそ、強いチームとなれるのだ。

　日本には「情けは人のためならず」という格言がある通り、情を持って他人と接することは、結果的に自分のためになるのだ。

Extra

挨拶は味方を増やす魔法の言葉

挨拶をすること、返事をすること、人の目を見て話を聞くこと、お礼の言葉を述べること、上下関係を大事にすること。礼儀を身につけることは、競技力に直接関係しないかもしれない。でも、大きな声で挨拶や返事をしたり、感謝の気持ちを表したりすることは、それだけで自分を応援してくれる人を増やしてくれる。
たとえば、初めて会う人が、もし挨拶をしなかったらどう思うだろうか。そんな選手を応援したいと思うだろうか。
もちろんそれだけではないが、少なくとも挨拶をするだけで、いろんな人が自分を手助けしてくれる。あいさつや返事は良好な人間関係を結ぶうえで最も大切なことなのだ。
孔子は、愛の心である「仁」を形として表現したものが「礼」であると教えている。礼は、その人の心があらわされたものとも言えるのだ。

チームビルディング

部活動としてのチーム作り①
お互いを高め合うための考え方

Menu 108 監督、コーチ、マネージャーもチームの一員
素直な気持ちを持って話を聞こう

▶ 選手だけがチームじゃない
　首脳陣も共に戦っている

　個人種目である競泳競技で「チームとして戦う」ことが、日大豊山水泳部の特色だ。同じクラブ活動、同じクラス、寮生活を共にすることで、自然とチーム意識は高まっていく。その成果は、インターハイをはじめとする学校対抗のリレー競技において発揮されている。

　個人種目では今ひとつの結果であっても、リレー種目では大幅に自己記録を更新する選手もいる。これは日ごろの練習環境から自然と競争意識が高まっている結果だ。練習中から競いあう相手がいるということは、競技力を高めるうえで非常に重要なこと。

　また、マネージャーの存在がチームの雰囲気を大きく左右する。マネージャーは練習係として記録を測定することだけではなく、練習環境を整え、チーム全体の雰囲気を盛り上げることにも大きな役割を果たしている。マネージャーも選手と同様に厳しい練習を乗り越えることで、大会での選手の活躍に喜びを得るのである。

　それは指導者も同じ。監督、コーチ、マネージャー、そして選手。全員が同じ目標に向かってそれぞれが努力することで、本当のチームになるのではないだろうか。

人の話を素直に聞く心が自分を大きく成長させる

　強くなる選手には、共通点がある。それが『素直な気持ちを持っている』ことだ。逆に言えば、他人の意見を素直に聞く気持ちがなければ、選手として、人としての成長はその分だけ遅くなってしまう。日大豊山で今まで実績を残してきた選手たちは、例外なく、素直によく人の話を聞く姿勢を持った選手だったという。

　部活動における指導は、水泳競技のことのみならず、食生活や休息のとり方などの生活面や人との関わり方、学習指導などにも及ぶ。それらのアドバイスは、指導者の経験に基づいている。その選手にとって必要なことを伝えているわけで、何も根拠がなく問題を指摘することはない。だからこそ、まずは素直にコーチの指摘を受け入れることが大切だ。

　ただし、何でもすべて指導者の言いなりになるだけの選手は、どこかで成長が頭打ちになることも多い。指導者の言うことを素直に聞き入れ、そのうえで自らの頭で考え、工夫し、自分なりに改善していくことがさらなる向上につながるのである。

Extra
頭が良い選手は人の話を良く聞ける選手

素直な気持ちは、人の話をよく聞くという姿勢から生まれる。これは、水泳だけに当てはまることではなく、学習にも当てはまる。日々練習を行う選手は、一般の学生に比べれば学習時間は少なくなる。その分、授業で先生の話をよく聞いている選手は、学習でも良い成績を収めている。そして、そういう選手は競泳選手としても高いレベルの成績を収めているのだ。
他人が注意されているときにも、自分のことだと思って聞いている選手がいる。そういう選手は、やはり競技成績も良い選手が多い。
頭が良い選手、というのは、人の話を良く聞ける選手と言い換えても良いくらい、話を聞くということは大切なことなのだ。

チームビルディング

部活動としてのチーム作り②泳ぐ以外の部分こそがチーム力アップに欠かせない

Menu 109 チームの強さは選手以外の場所に現れる

▶ マネージャーの働きがチーム力にも大きく影響する

　チーム全体の雰囲気を盛り上げることにも貢献している、マネージャー。だからこそ、チームサポートをしてくれるマネージャーが良い働きをしているチームは強いと言われる。

　良いマネージャーの働きというのは、たとえば、指導者が何かを考えて行動しようとしたとき、それを察知して、先回りして指導者がすぐに行動に移せるような準備ができること。

　そのためには、常に周囲の状況を把握し、指導者や選手の要望に対して気を配っていないとできないこと。それだけマネージャーという仕事はとても体力も気力も必要なのだ。

　だからこそ、日大豊山ではマネージャーへの感謝の気持ちを忘れないように指導している。マネージャーはいくら頑張っても賞状やメダルひとつもらえない。それだけではなく、学習との両立を図りながら水泳部の運営をしなければならず、先生や選手からの様々な要望に応えていかなければならない。それだけのことをしてくれているマネージャーに対して、選手側もそれを当然のように思ってはならないからだ。

　マネージャーは、指導者と選手のかけ橋となりながら、大会で選手が好成績を収めて勝利を何とか成し遂げるための重要な存在なのだ。

部室の汚いチームは弱く 部室がキレイなチームは強い理由

チーム力を上げようと思ったとき、まず最初に部室をチェックしよう。部室がキレイか汚いか。それがなぜチーム力に影響するのかという理由は『組織力』だ。

清掃には、上級生の指導力が示されている。上級生の指導によって下級生が動くが、それがうまくいっていない場合、部室の乱れとなって現れるのである。

上級生としての責任感が強く出ているチームの場合、戦力的には強くない場合でもそれなりの結果には結びつく。その上級生の責任感の強さが、部室の清掃状況に現れているというわけだ。清掃の指導もできない上級生が、練習や試合で下級生を引っ張ることはできない。

今は、昔のような上下関係というのはないのかもしれない。だが、いくら時代が変わったとしても、上級生が下級生を指導する、下級生はそういう上級生を尊敬する、そして尊敬して慕ってくれる下級生を、上級生は可愛がる、という構図は変わらない。やはりチームというのは、上に立つものが責任をもって指導してこそ成立するのである。

Extra

部室だけではなく 自分たちが使う場所を見直してみよう

大人になっても、疲れが溜まったり仕事に忙殺されていたりすると、身の回りが乱れがちになるが、そこには心の状態が反映されている。つまり、部室も同じこと。部室が乱れていると、チームの心が乱れているということ。

逆に言えば、部室を整えておくことは、チームの心を整えることにもつながるということ。もちろんそれだけでチームがまとまるわけではないが、そのきっかけになるはずだ。

部室、コーチ室、更衣室、トイレなど、部活動で使う部分をしっかり見直してみよう。きっと自分たちのチーム力を上げるきっかけが潜んでいることだろう。

チームビルディング

部活動としてのチーム作り③
指導者の意識も変える

Menu 110 指導者もチームをまとめるために
何ができるかを考える

▶ 指導者もチームをまとめるために何ができるのかを考える

　これまで、チームビルディングとして選手が取り組めることを紹介してきた。だが、最初に説明したとおり、チームがひとつとなり、大きな目標に向かうためには選手だけがまとまるのではなく、指導者やマネージャーといった首脳陣も選手と一緒に戦うことが大切だ。そこで、指導者がチームビルディングのために何ができるかについて考えていこう。

　ポイントは3つ。ひとつは、チームに問題や困難が訪れたときには、素早く対処すること。もうひとつは、仕事を人に任せる決心をすること。そして、伝統を継承していくことだ。

　指導者は、チームの先導役。その先導役の考え方や方針がコロコロと変わってしまったら、指導者の下で働くマネージャーはもちろん、選手たちもぶれてしまう。指導者は、チームをひとつにするための、最後であり、大事なピースであることを自覚しておかなければならないのだ。

問題や困難が起こるのは当たり前
先延ばしせずすぐに対処することが大切

　部活動として、チームとして目標を立て、それを実現しようとすると、良いことばかりではなく、問題や困難に直面することもある。それは当然のことだが、大切なのはその問題に対して即座に対応することだ。

　問題や困難を先延ばしにすればするほど、その問題は大きくなってしまうことが多い。それを受け入れたうえで、目標を実現するためにはどう修正すれば良いのか、何をどう対処すれば良いのかを考え、すぐに行動を起こすことが、チーム力を上げるためには大事なのだ。

　特にチームを先導する役割を果たす指導者が、チームが抱える問題から逃げていては、チームがまとまるきっかけを失ってしまう。指導者は常に一時的な感情に流されることなく、自分の気持ちを制御し、チームを立て直すために何をすれば良いかを判断しなければならないのである。

第6章
強い選手になるためのメンタル

強い選手は、強いメンタル（心）を持っている。
心とは、考え方であり、物事に対する取り組み方でもある。
強い心を手に入れる、4つの大きなポイントを紹介していこう。

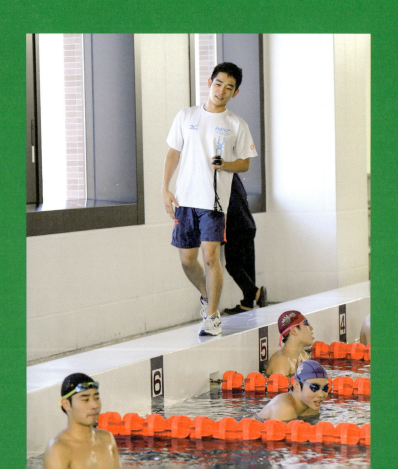

強い選手になるためのメンタル

自分の弱い部分と向き合う

Menu 111 弱点を徹底して取り組んで直す

弱点に向き合い徹底的に克服するという意志を持つ

　誰しも、自分の弱みとなる部分はある。その弱い部分と向き合うことは辛いことであり、できれば避けたいところだろう。また、向き合ったとしても、弱点はなかなか改善しないし、直すためにはとても時間がかかる。

　だが、弱点は試合の大事なところで表面化する。弱点と徹底的に向き合い、克服することは結果につながるし、自信を持つことにもつながるし、自分の強みをさらに生かすこともできる。だからこそ、弱点は徹底して直す、という強い意志を持たなければならない。

　試合の勝負どころで負ける選手は、練習の最もきついところで、自分に負けている場合が多い。練習でできていることしか、試合ではできないのだ。それはフォームはもちろん、メンタル的な部分も同じことなのだ。

　本当に強くなりたいのであれば、自分の弱さから目を背けないことが大切。一朝一夕にはいかないかもしれないが、毎日、コツコツと取り組んだことは、必ず実を結ぶ。そう信じる心の強さも、選手として成長する大切な要素だ。

強い選手になるためのメンタル

自分自身で考える力を身につける

Menu 112 問題を自らで見つけて解決する方法を探る

自分で問題を見つけ自ら率先して取り組める強さを持つ

　チームビルディングの部分でも説明したが、問題というのは、そのまま放置しても改善することはなく、むしろ大きくなってしまう。だから、問題は小さなうちに見つけ、即座に対応していくことが大切だ。

　強い選手というのは、問題点を自ら見出して、改善する力を持っている。フォームなどについては、第三者からみてもらわないと分からない部分はある。だが、それをただ言われるのを待っているのと、自分から指導者やマネージャーに「フォームを見てもらえませんか」と声をかけて取り組むのとでは、大きな違いがある。

　問題を自ら見つけて解決する。もし自分で解決できないなら、人の手を借りて、素直に学び、またコツコツと取り組める選手。つまり、特定のコーチがいなくても自分で練習し、強くなれる選手こそが、本当に強くなれる選手なのではないだろうか。

　高校生のときから、そうなることは難しい。だが、そういう考え方を持って取り組んで行けば、きっと大学、そして社会人となっていったときに、結果は大きく変わることだろう。

強い選手になるためのメンタル

不平不満を口にしない

Menu 113 不満を口にするのではなく、改善方法を考える

▶ 不平不満は自分にとっても チームにとってもマイナスしか生み出さない

　強い選手は、与えられた環境がどんな環境だったとしても、そこで自分にできることを考え、精一杯の努力をする。反対に言えば、強くなれない選手は不平不満が多く出るのだ。

　どんな選手であっても、すべてが完璧な環境で、全く不満がない、という選手はいないだろう。それぞれの立場で、皆それぞれの不満を抱えて練習や生活をしている。強い選手とそうでない選手の違いは、不満があったときに、ただ不満だとマイナスな発言をするのか、それとも少しでも環境を改善したり、最大限生かそうと努力するのかの違いだ。

　マイナスの発言は、周囲に良い影響は決して与えない。言葉で発していなくても、不満を持つ態度や行動も同じこと。たとえば、レースで負けて泣いていることが、どのような影響を周囲に与えるのか考えれば、人前で泣くようなことはしないはず。

　不満はある。でも、それを受け入れて努力したり改善したりできるかどうかは、自分にとっても、そしてチームにとっても大切な考え方なのだ。

強い選手になるためのメンタル

楽観的な見方を身につける
（ねらい）

Menu 114 必ず努力が実を結ぶと信じる心を持つ

▶ 必ず報われるときがくる
楽観的だから努力し続けられる

いつも物事を悲観的に捉え、ダメかもしれないという考え方ばかりしていたら、自信はいつまでも持てないし、試合で結果を残すこともできない。決して将来に対して甘い見通しをするわけではなく、日々努力を積み重ねていれば、必ず風向きが良くなるときがくる、と信じる「楽観的」な考え方も、強い選手に共通している点だ。

「やまない雨はない」、「必ず夜明けはやってくる」という気持ちでいれば、今は厳しい状況にあったとしても、いつか花開く日を待ち続けることができる。また、楽観的であれば厳しい状況にあっても慌てることなく、落ち着いて行動することだってできる。一度や二度の挫折に負けることなく、失敗したとしても何度でも立ち上がることができる。

競技の世界にいる限り、結果がすべてであることは間違いない。だが、結果のみにとらわれて努力の過程で楽しさを全く感じられなければ長続きはできない。基本的に、何とかなる、という思いで将来をとらえ、今やるべきことを誠実に取り組んでいれば、いつかチャンスは巡ってくる。だからこそ、そのために常に最大限の努力を継続していく必要があるのだ。

第7章
トレーニングスケジュール

結果を出すためには、ただ毎日の練習を頑張るだけではなく、
目標とする大会に調子を合わせることが大切。
まずは目標とする大会を設定し、強化、調整の計画を組んでみよう。

トレーニングスケジュール
年間で大きなスケジュールを組んでみる
ねらい

Menu 115 1年を8つの期に分けて計画してみよう

❓ なぜ必要？

強化期が長引くと気持ちが続かない

なぜ細かく期を分けるかというと、練習が厳しい時期が長くならないようにするためだ。たとえば、夏だけに目標を置くと、量的強化期や質的強化期といった、厳しい練習を行う期間が長くなって体力的にも気持ち的にも辛くなってしまうし、目標も遠すぎてぼやけてしまう可能性もある。細かく、段階的な目標を立てたほうがモチベーションも続く。期を細かく分けてスケジュールを立てたほうが、効果的に気持ちも強く持ってトレーニングに取り組むことができるのだ。

▶ 1年を上半期と下半期に分けてスケジュールを組んでみよう

競泳の大きな試合は、だいたい春と夏に行われる。日大豊山では、春は日本選手権、夏はインターハイと国体を主要大会として考え、1年間を2つの期に分けてスケジュールを組んでいる。その例で言えば、夏の国体（9月）が終わったあと、10月から翌年4月の日本選手権までの期間を上半期、日本選手権が終わった4月から8月のインターハイまでの期間を下半期としている。

それをさらに上半期の量的強化期（約2カ月間）、質的強化期（約2カ月間）、調整期（約2、3週間）、試合期（約1、2週間）の4つに分けることで、細かく目標を設定して取り組んでいる。

これを参考にして、まず自分が結果を出したい目標としている大会はどこにあるのかを考えよう。そこから試合期、調整期、質的強化期、量的強化期と逆算してトレーニング計画を考えていこう。これがオススメする基本のトレーニングスケジュールの組み方だ。

年間スケジュールの例

上半期・ 量的強化期 10月～12月	最も練習量の多い時期。翌年のシーズンに向けた体力のベースを作る。次の質的強化期で、高いレベルの練習をするためにも大切な時期だ。
上半期・ 質的強化期 1月～2月	練習量、練習の質ともに年間で最も高い強度で行う、いわゆる『冬場の泳ぎ込み』の時期だ。ここの取り組みが、夏の結果を大きく左右する。
上半期・調整期 3月	4月の大きな大会（日大豊山の場合は日本選手権）に向けて、疲労を取り調子を整えていく時期。スピードを高めていくことを意識して練習しよう。
上半期・試合期 3月末～4月上旬	試合が続いている期間に取り組む練習期。体力が落ちすぎず、また疲れも溜まりすぎないように、細心の注意を払って練習してほしい時期だ。
下半期・ 量的強化期 4月中旬～5月	春の大会が終わり、今度は夏の大会に向けて強化をスタートさせる時期。冬場に取り組んだ同じ量的強化期よりも、さらにワンランク上の練習に取り組むように努力しよう。
下半期・ 質的強化期 6月～7月	冬場、そして春の量的強化期を経て、1年間でも最も質の高い練習に取り組む期間。夏に向けた最後の強化期間なので、気合いを入れて取り組んでほしい時期だ。
下半期・調整期 8月	夏の大きな大会（日大豊山の場合はインターハイと9月の国体）に向けて、体調を整え、疲れを取り除いていく期間。気持ちを試合に向けて整えておくことも大切だ。
下半期・試合期 8月末～9月	夏の大会は、試合期間が春よりも長い。そのため、試合期の過ごし方が最後の最後まで自分の力を出し切れるかどうかのカギを握る。

トレーニングスケジュール

8つの期におけるトレーニングメニューの組み立て方の基本を学ぶ

Menu 116 練習量と強度の関係性を知っておこう

グループによって練習量と練習強度のバランスを考える

　練習量と練習強度（質）は、うまくバランスをとることが大切。量も強度も両方高い練習が続くと、体力が続かなくなり、疲労が溜まり故障や病気を引き起こしてしまう原因になる。だからこそ、それぞれの期で何を中心に取り組むのかを明確にしているのだ。

　たとえば、量的強化期の表を見てほしい。ロンググループ、ミドルグループは、ともに量が強度を上回る練習メニューを組むことで、体力のベースアップを図っている。ショートグループの場合は、それほど体力をたくさんつける必要はないので、年間で最も量は多いが、ほかのグループに比べれば量は少ない。反対に、質的強化期になったら、３つのグループのなかで最も強度が高い練習メニューになるのが、ショートグループだ。

　練習メニューは、時期だけで量と質を考えるのではなく、得意とする距離も考慮する必要があるのだ。

練習メニュー作成表

	時期		LONG (400〜1500m)		MIDDLE (100〜200m)		SHORT (50〜100m)	
	上半期 (10〜3月)	下半期 (4〜9月)	練習量	練習強度	練習量	練習強度	練習量	練習強度
量的強化	10〜12月	4〜5月	★★★★★	★★	★★★★	★★★	★★★	★★★★
質的強化	1〜2月	6〜7月	★★★★	★★★	★★★	★★★★	★★	★★★★★
調整期	3月	8〜9月	★★★	★★	★★	★★	★	★★★
試合期	春季JO・日本選手権直前	インターハイ・国体直前	★★	★	★★	★★	★	★★

★の見方	★★★★★	★★★★	★★★	★★	★
練習量	とても多い	多い	普通	少ない	とても少ない
練習強度	とても高い	高い	中程度	低い	とても低い

＊練習メニュー作成表の時期や練習量・練習強度はあくまでもおおよその目安です。各選手の特性によって柔軟な対応が必要となります。

ハートレート(HR)を活用して練習強度の内容の質を上げる

　練習強度は、どれだけ全力に近いスピードで泳ぐか、試合で泳ぐスピードにどれだけ近づけるか、ということが目安になる。全力のスピードから離れれば離れるほど強度は下がり、近づけば近づくほど強度は上がると考えておこう。

　その目安に使いたいのが、ハートレート（HR・脈泊）だ。日大豊山では10秒間のHRで強度を設定している。

　HRが10秒間で20〜23程度（1分間で120〜138）なら、ウォーミングアップやリカバリーといった、身体を温めたり休めたりする程度の強度だ。HRが30以上（1分間で180以上）となる強度を設定した練習は、非常にきつい、いわゆる高強度の練習となる。

　このようにHRを表記すれば、練習メニューの強度とトレーニング目的がひと目で分かる。また、そのメニュー後にHRを測れば、ちゃんとそのメニューの目的にあった強度で練習できているかどうかが分かる。ぜひともHRを活用して、効率良く効果的な練習に取り組んでほしい。

HR(ハートレート)の活用　10秒間、首元で測定

心拍数	知覚	トレーニング効果
20〜23	楽	ウォーミングアップ・リカバリー
23〜25	少しきつい	有酸素代謝能力の向上
25〜27	きつい	有酸素代謝能力の向上・ATペースもしくはATペースより低い
27〜28	とてもきつい	有酸素性と無酸素性代謝能力の向上・ATペースもしくはATペースより高い
30〜	非常にきつい	無酸素代謝能力の向上

HRの活用

練習の中で、同じペースを維持する練習で活用することが多い。
Frの練習で活用しやすい。特にHR26〜28の範囲である。
一番活用するのはロンググループの選手である。
選手の心肺機能に差があるので、各自のHRの様子をよく見ながら判断すること。

ATペース…長い時間にわたって同じスピードを維持できる負荷のうち、最も高い負荷のこと。
　　　　　HRでいうと28程度である。

トレーニングスケジュール

それぞれの期のメニューを実際に組み立ててみる

Menu 117　第1章のメニューをうまく組み合わせてみよう

やり方

それぞれの期の目的を見失わないこと

8つの期の分け方が分かったら、次は実際にメニューを組み立ててみよう。第1章で紹介してきたメニューを組み合わせるだけではなく、バリエーションを持たせることも大切。大切なのは、それぞれの期において『何を目的としたメニューを組むのか』ということ。目的を明確にすれば、自ずとメニューの内容も見えてくる。

また、フォームを整えたり修正したりするドリル練習は、毎日の練習に組み込んでおくこともポイントだ。それぞれの期で何を習得したいのか。それを明確にしてメニューを組み立てていこう。

※最も練習量の多いロンググループの例。トータル距離も8000mを超えるが、強度はそれほど高くない。量を泳ぐことで持久力を強化することが目的なので、HRでいえばだいたい23〜25、25〜27程度の強度でOK。ドリルは必ずスイムの前に入れて、泳ぎが崩れていないかどうかのチェックに活用しよう。

〈量的強化期のメニュー例〉
ロンググループの例

W-up
400m × 1回　Cho
50m × 4回　12.5m sprint

Kick
①600m × 2回（9:00）Locomotive
　100m × 6回（1:40）Hard

Pull
③200m × 12回（2:50）（2:30）/1回ずつ

Easy
100m × 1回

Drill&Form
25m × 16回（＋10〜20秒）

Swim
④200m × 12回（2:50）
　1〜9回（SW/100m）/
　3回　10〜12回　Fr　Des/3回ずつ

Down
400〜800m

Total
8100〜8500m

###〈質的強化期のメニュー例〉
ショートグループの例

※この時期に最も質の高い練習を行うショートグループの例。キック、プル、そしてスイムまですべてにおいて、全力に近い、もしくは全力を出し切るメニューを組み込むくらいの強度の高さを確保しよう。全力で泳ぐときにフォームが崩れないように、ドリルで泳ぎをチェックしておこう。

W-up
400m × 1 回　Cho　　15m × 4 回　Dive

Kick
④水中壁キック　10 秒 × 6 回　呼吸なし

Pull
②50m × 8 回 × 2 セット（1:00）（1:20）/
　1 セットずつ　1 セット目　Des1 〜 4 回
　2 セット目　E-H/1 回ずつ　セット rest(1:00)

Easy
100m × 1 回

Drill&Form
25m × 20 回（＋ 10 〜 20 秒）
スタート練習も入れる

Swim
③ 100m × 8 回 (3:00)Hard
　15m × 4 回　Dive

Down
400 〜 800m

Total
3120 〜 3520m（＋壁キック）

〈調整期のメニュー例〉
ミドルグループの例

※調子を整えることを第一に考える、調整期のミドルグループの例。自分の泳ぎの感覚が良くなることをいちばんに考えて、ハードな練習は組み込まず、良い泳ぎで高いスピードを出せるようにしていくことが大切。レースが近くなったときには、短い距離の Dive を入れて、レースを想定するのもオススメだ。

W-up
200m × 3 回（3:30）Fr-IM/1 回ずつ

Kick
④ 50m × 6 回（1:10）
　25m × 8 回(1:00)2 回 Even　1 回 Hard を繰り返す

Pull
④ 50m × 9 回（1:20）S1
　1 回 Even　2 回 H-E/25m を繰り返す

Easy
100m × 1 回

Drill&Form
25m × 16 回（＋ 10 〜 20 秒）

Swim
④ 50m × 8 回（1：10）S1
　25m × 8 回（50）E-H/1 回ずつ
　50m × 2 回　Dive　25m × 4 回　Dive

Down
400 〜 800m

Total
3250 〜 3650m

〈試合期のメニュー例〉
ミドルグループの例

※試合の期間中、ある程度の持久力の維持とスピードの維持を目的としたミドルグループの例。試合が続く期間の練習なので、長めの距離を泳ぐ練習は少なくして、良い感覚、良いフォームで泳ぐことを第一に考えて組み立よう。疲れを残さないために、クールダウンもしっかり行うことも大切だ。

W-up
100m × 6 回（1:50）Fr-IM/1 回ずつ

Kick
① 200m × 2 回（4:00）
　25m × 8 回（1:00）Des1 〜 4 回を繰り返す

Pull
④ 50m × 6 回（1:10）
　25m × 8 回（1:00）Speed　Play

Easy
100m × 1 回

Drill&Form
25m × 16 回（＋ 10 〜 20 秒）

Swim
③ 50m × 6 回（1:20）
　25m × 8 回（1:00）Des1 〜 4 回を繰り返す
　15m × 3 回　Dive

Down
400 〜 800m

Total
3145 〜 3545m

Q&A 竹村知洋監督のお悩み相談室

2017年、日大豊山中学、高校の両方で
全国総合優勝に水泳部を導いた竹村知洋監督に、
水泳のこと、勉強との両立についても質問してみよう。

Q 年間、自己ベストが出ずにタイムが伸び悩んでいます。スランプを脱出するには、どういうことに取り組めば良いでしょうか?

A 自分の心・技・体を見直してみましょう。

　自己ベストが出ない理由を見つけるには、心・技・体を見直してみることです。だいたいはこの3つのうちどれかに当てはまります。そしてタイムが出ない理由として多いのは、テクニック（技）か体力（体）です。ただ、体力を向上させるには時間がかかります。すぐには身につかないので、継続した努力が必要です。ですが、テクニックの場合は、だいたいがフォームの崩れです。自分の知らない間に左右のバランスが崩れていたり、キックとプルのタイミングがずれていたりするものです。身体の成長によっても、フォームが崩れる場合があります。ですから、まずはフォームの崩れ、テクニックを疑ってみましょう。そしてドリルの量を自分で増やし、良い感覚で泳げるフォームを探しましょう。そして、指導者にチェックしてもらうと良いでしょう。

Q 練習中に肩を痛めてしまいました。
もうすぐ復帰できるのですが、
注意点があれば教えてください。

A フォームを見直す
良いタイミングだと考えてください。

　故障をしてしまったら、練習できずに辛いかもしれませんが、まずはしっかり治すことに専念しましょう。そして、練習に復帰できたら、まずフォームを見直してみてください。肩を痛めた理由がどこかにあるはずです。良いきっかけだと考えて、故障しないフォームを身につけてしまいましょう。あとは、同じような故障をしない予防に努めることも大切です。ストレッチをしたり、肩であればインナーマッスルを鍛えたり。栄養をしっかり摂って身体を作ることも故障予防のひとつです。

　故障は、選手をしていれば誰にでも起こりうることです。大切なのは、すぐに対処し、故障と向き合い、同じ故障をしないようにするには、どうすれば良いかを考えることです。

Q 日々の練習で疲れてしまい、
なかなか勉強する時間を作れません。
勉強と水泳を両立するために
大切なことはありますか。

A 時間の活用方法を見直してみましょう。

　まず第一に、授業を大事にしてください。授業は勉強に集中できる時間なのですから、それを有効活用するのです。授業の合間にある休み時間を使うのも良いですね。やはり、練習で疲れきっているときに、さらに勉強までやろうとしても、それは難しいでしょう。ならば、夜は早めに寝て、早起きをして時間を作るのも良い方法です。1日のスケジュールを見直してみると、以外と時間を有効に活用できる余地はあるのではないでしょうか。

　私は学生に「水泳を取ったら何が残るの？　水泳ではご飯は食べていけないよ」ということは話しています。水泳を真剣に頑張ることは大切ですし、素晴らしいことです。でも、泳ぐのが速いというだけで、ずっと生活をするだけのお金を稼ぐのは難しい。勉強にも積極的に取り組めば、将来やりたい仕事ができるチャンスも増えます。ぜひ勉強も頑張ってください。そうやって考える力をつけることは、必ず水泳にもつながることなのですよ。

CONCLUSION
おわりに

　いかがでしたか？　まずはトレーニングの期によって異なるトレーニングメニューを組み立てられるようになり、そこにドリルなどで泳ぎの弱点を克服していく。ここまで読んでいただければ、もうきっと、トレーニングメニューは組めるようになっているでしょう。あとは、皆さんの泳力やチームに合わせてアレンジしていくだけです。そうしていくうちに、自分だけのトレーニングメニューができあがっていき、それが選手にとって自信を持てるメニューになっていることでしょう。

　日本大学豊山中学校・高等学校水泳部は、半世紀に渡る永い歴史と伝統があり、輝かしい実績を誇る運動部です。先輩たちが培ってきた伝統を受け継ぎつつ、私たちも同じように、新しいものを取り入れてアレンジしながら歴史を紡いできました。

水泳は、トレーニングだけをしていれば強くなれるものではありません。指導者の話を素直に聞き、それを受けて自らが試行錯誤したり行動したりする力。自分の弱点を克服するために、徹底的に物事に取り組む継続力。仲間を認めて本気で切磋琢磨しあうチーム力。そして、自分と指導者、仲間を最後まで信じ抜く力。

　これらはすべて水泳以外にも当てはまります。もちろん、将来社会に出たときも同じです。先生や上司、先輩の話を素直に聞き、自分で考えて行動する。自分の弱さや苦手なジャンルの仕事や勉強にも、徹底して取り組める力。クラスメイトと何かを成し遂げたり、会社の同僚とともに仕事を作り上げたりしていく力……。つまり、すべては『人間力』なのです。人間力を鍛えることが、選手としても成長するために大切にしたいことだと、私は考えています。

　この本を手にとってくださった選手や指導者、水泳関係者も含めたすべての方々にとって、私のお伝えしてきたことが、これからの水泳人生を豊かにするための一助となることができたら幸いです。

竹村知洋

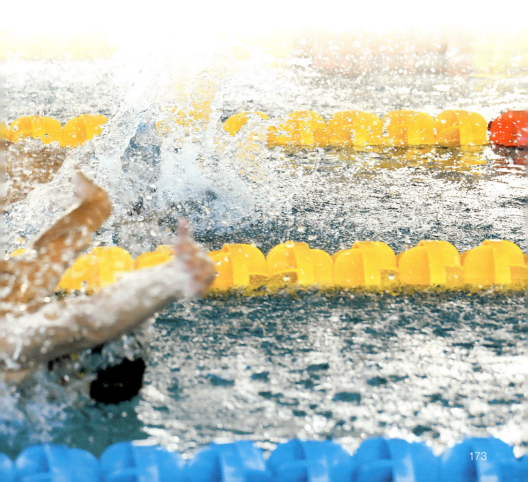

著者&チーム紹介

著者
竹村知洋 たけむら・ともひろ

1974年5月15日生まれ。埼玉県出身。日大豊山高等学校→日本大学法学部卒業。在学中は水泳部に所属し、バタフライの選手として活躍。1997年から日大豊山中学・高等学校に地歴公民科の教諭として赴任し、同時に水泳部コーチも務める。2005年に水泳部監督に就任。スポーツを通じて人を育てることを信念に指導を続け、2017年には全国中学、日本高等学校総合体育大会でのダブル優勝に貢献。東京都水泳協会競泳委員。

撮影モデル
北川凛生 （きたがわ・りく。写真左）2003年6月6日生まれ
吉田啓祐 （よしだ・けいすけ。写真右） 2000年4月17日生まれ

撮影協力　日本大学豊山中学校・高等学校 水泳部
半世紀にわたる長い歴史と伝統を誇る名門。2017年の部員数は中学、高校合わせて約200名。2017年は全国中学校、インターハイで総合優勝を飾っている。

デザイン／有限会社ライトハウス
　　　　　黄川田洋志、井上菜奈美、
　　　　　藤本麻衣、岡村佳奈、坪井麻絵
写　真／西川隼矢、黒崎雅久
編　集／田友暁、
　　　　　佐久間一彦（ライトハウス）

身になる練習法
水泳　日大豊山式４泳法強化法

2018年４月30日　第１版第１刷発行
2021年１月29日　第１版第４刷発行

著　者／竹村知洋

発　行　人／池田哲雄
発　行　所／株式会社ベースボール・マガジン社
　　　　　　〒103-8482
　　　　　　東京都中央区日本橋浜町2-61-9 TIE浜町ビル
　　　　　　電話　　03-5643-3930（販売部）
　　　　　　　　　　03-5643-3885（出版部）
　　　　　　振替　　00180-6-46620
　　　　　　http://www.bbm-japan.com/
印刷・製本／広研印刷株式会社

©Tomohiro Takemura 2018
Printed in Japan
ISBN 978-4-583-11075-2 C2075

＊定価はカバーに表示してあります。
＊本書の文章、写真、図版の無断転載を禁じます。
＊本書を無断で複製する行為（コピー、スキャン、デジタルデータ化など）は、私的使用のための複製など著作権法上の限られた例外を除き、禁じられています。業務上使用する目的で上記行為を行うことは、使用範囲が内部に限られる場合であっても私的使用には該当せず、違法です。また、私的使用に該当する場合であっても、代行業者等の第三者に依頼して上記行為を行うことは違法となります。
＊落丁・乱丁が万一ございましたら、お取り替えいたします。